Mit Bildern lernen

Handbuch für den Fremdsprachenunterricht

von Theo Scherling und Hans-Friedrich Schuckall

LANGENSCHEIDT

BERLIN · MÜNCHEN · WIEN · ZÜRICH · NEW YORK

Umschlaggestaltung: Theo Scherling unter Verwendung eines Fotos von Silvia Weiß
Layout: Theo Scherling
Redaktion: Hans-Heinrich Rohrer

| Druck: | 5. | 4. | 3. | 2. | Letzte Zahlen |
| Jahr: | 96 | 95 | 94 | 93 | maßgeblich |

© 1992 Langenscheidt KG, Berlin und München

Druck: Druckhaus Langenscheidt, Berlin
Printed in Germany · ISBN 3-468-49995-7

Inhaltsverzeichnis

Inhaltsverzeichnis 4

Vorwort von Heinz Wilms 6

Einleitung 7

A Zur Funktion des Bildes im Unterricht

1	**Bildfunktionen**	**10**
1.1	Motivation	10
1.2	Differenzierung	12
1.3	Realitätsersatz	13
1.4	Anschaulichkeit	14
1.5	Gedächtnisstütze	16
2	**Die Sprache der Bilder**	**18**
2.1	Rezeption von Lehrbuchillustrationen	18
2.2	Sehen und Nichtverstehen	21
2.3	Räumliche Ordnung oder: Auf den Standpunkt kommt es an!	22
3	**Wirkungsweise von Bildern und ihre didaktische Qualität**	**26**
3.1	Bild und Betrachter	26
3.2	Bildtypen	27
3.2.1	Darstellende Bilder	27
3.2.2	Logische Bilder	29
3.2.3	Zeichnungen	29
3.2.4	Das Foto	31
3.3	Eindeutigkeit – Mehrdeutigkeit	32
3.4	Offenheit – Geschlossenheit	33
3.5	Widerhaken	35
3.6	Situativität: Wo? Wer? Was?	36
3.7	Wechselwirkung Bild – Lernziel	38
3.8	Verändern von Bildern	39

B Die praktische Arbeit mit Bildern im Unterricht

1	**Bildträger und ihre methodischen Möglichkeiten**	**41**
1.1	Der Tageslichtprojektor (Overheadprojektor = OHP)	41
1.1.1	Die didaktische "Peep-Show"	42
1.1.2	Additive Reihung	44
1.1.3	Vom Detail zum Ganzen	47
1.1.4	Overlay	52
1.1.5	Das bewegte Bild im Unterricht	56
1.1.6	Theater auf dem OHP	59
1.2	Die Tafel	60
1.3	Plakate	61
1.4	Kopien	63
2	**Weitere Formen der Bildverwendung**	**63**
2.1	Bildgeschichten	63
2.2	Die freie mündliche Äußerung	66
2.3	Dialogarbeit mit Bildern	67
2.4	Freies Vertexten von Bildern	68
2.5	Fehleranalyse, Sprachstandsbestimmung und Fehlertherapie	72
2.6	Spielen und Üben mit Bildern	75
2.6.1	Spielen mit Bildern	75
2.6.2	Üben mit Bildern	83

3   **Erklären und Verstehen** **87**
3.1   Interkulturelle Probleme des Erklärens im Unterricht 87
3.1.1   Erklären von Begriffen 88
3.1.2   Techniken der Worterklärung 92
3.2   Bilder als "advance organizer" 94
3.3   Grammatikerklärungen mit Bildern und optischen Signalen 96
3.3.1   Beispiele für Erklärungen des Akkusativs und des Passivs 97
3.3.2   Weitere visuelle Verstehenshilfen bei der Grammatikvermittlung 104
3.3.2.1   Konkrete bildliche Verstehenshilfen 105
3.3.2.2   Signale und Signalgrammatik 106
3.3.2.3   Abstrakte Zeichen, Bildsymbole 106
3.4   Aussprache und Intonation 106
3.5   Landeskundliche Bilder 108
3.5.1   Anforderungen an landeskundliche Bilder 108
3.5.2   Landeskunde und ihre Umsetzung in einigen Lehrwerken 112

4   **Kleiner Zeichenkurs für Lehrer/innen** **114**
4.1   Der Kopf 115
4.1.1   Aufbau des Gesichts 115
4.1.2   Der Kopf in Bewegung 125
4.2   Kopf und Körper 129
4.2.1   Verbindung von Mimik und Körperhaltung 129
4.2.2   Gestik, Körpersprache und Kommunikation 131
4.3   Der Körper 134
4.3.1   Bewegung 135
4.3.2   Figuren und Gegenstände 138
4.4   Exkurs in Details 145
4.4.1   Die passende Frisur für Ihren Typ 145
4.4.2   Immer der Nase nach 147
4.4.3   Ein schwieriges Kapitel: Hände 147
4.5   Situationen 149

C Sammlung von Übungen und Spielen mit Bildern
Übersicht: Kopiervorlagen für den Unterricht **151**

Wortschatz-Memory 152
Verkehrsmittel 153
Orientierung in der Stadt 154
Wie heißen die Gegenstände/Werkzeuge? ... 155
Womit macht man das? 156
Rechtschreibung: Doppelkonsonanten 157
Rechtschreibung 158
Geräusche – Töne 159
Adjektive – Gegensätze 160
Komparation 161
wenn → dann 162
Passiv: Die Geschichte eines Briefes 163
Infinitivsätze: Es ist schön zu 164
Passiv: Was ist passiert? 165
Akkusativ 166
Verben mit Akkusativergänzung 167

Präpsitionen mit Akkusativ 168
Verben mit Dativ 169
Präpositionen mit Dativ 170
Temporale Konjunktionen 171
Reflexive/Reziproke Verben 172
Keine Rücksicht, obwohl... 173
Bewegungsverben für Tiere 174
Sich begrüßen 175
Konjunktiv II 176
Bilderrätsel (Komposita) 177
Schlau wie ein Fuchs (Vergleichende Adjektive) .. 178
Drudel 179
Wortbilder 180
Dieses ...-Wetter 181
Gebote – Verbote 182
Teekessel 183
Metaphorische Redewendungen 184/185

D Bibliographie **186**

Quellenverzeichnis **191**

Vorwort

So lange ist es noch nicht her, daß Bilder neuen Wind in die Lehrbücher brachten, und schon sprechen einige von Übervisualisierung. 1955 kam der legendäre Schulz-Griesbach "Deutsche Sprachlehre für Ausländer" heraus, ein Buch voller Buchstaben und mit ganz wenigen armseligen Zeichnungen, die einem helfen zu verstehen, daß das Schulzimmer einen Fußboden, eine Decke und vier Wände hat, und wo der Unterschied zwischen "herein" und "heraus" ist.

Zwölf Jahre später (1967) erschien das Lehrwerk "Deutsch als Fremdsprache" und plötzlich sah man Fotos, die ein Drittel der Seite einnehmen und Menschen in Situationen zeigen. Die Lernenden wissen auf jeden Fall, wo sie sind, wie es in Deutschland aussieht (natürlich nur in Ausschnitten) und wie Einheimische sich in typischen Situationen (am Kiosk, im Büro, auf dem Bahnsteig) verhalten.

Wieder 12 Jahre später (1979) tauchte "Deutsch aktiv" auf, und man suchte anfangs vor lauter Bildern und Zeichnungen irritiert nach dem Text, bis man merkte, daß der quasi in die Bilder hineingeschrieben ist und mit ihnen zusammen Verständigungsanlässe aufbaut, in die die Lernenden hineingezogen werden sollen.

Das visuelle Material ist seitdem ins Zentrum des Unterrichts vorgerückt; es läßt Handlungsrahmen, Kommunikationsräume entstehen, deutet Themen, Rollen, Intentionen, Stimmungen und Tonlagen an, es schafft Situationen und gibt sie nicht unabänderlich vor.

Bilder bauen Szenarien, ebnen Textverständnis, steuern Übungen, erklären strukturelle Zusammenhänge ("Signalgrammatik"). Sie sollen Lernende aktivieren, ihre Erfahrungen anregen, sie ermutigen, auch mit noch geringer Sprachkompetenz Äußerungen zu wagen. Hier zeichnet sich eine Abkehr vom vorfabrizierten, fertigen Sprachprogramm ab, das nur noch "nachgearbeitet" werden kann.

Bedeutsam für die Karriere des Bildes im Fremdsprachenunterricht waren die Erfahrungen im Bereich "Deutsch für ausländische Arbeitnehmer" (DfaA). Hier mußten die Unterrichtenden zunächst das Hinhören lernen, denn die "Schüler" brachten schon Vorkenntnisse aus "freiem" Erwerb auf der Straße, am Arbeitsplatz usw. in die Kurse mit. Sie hatten sich ansatzweise eingehört und Vermutungen über die fremde Sprache und die Konventionen ihrer Verwendung angestellt. Auf diesen Beständen galt es aufzubauen; aber dafür mußten sie erst einmal hervorgelockt werden. Was war dafür geeigneter als entsprechende, sprachauslösende Bilder?

Es ist nicht überraschend, daß zwei, die auf diesem Arbeitsfeld ihre wichtigsten didaktischen Erfahrungen gesammelt haben (Scherling: "Feridun" 1977; Scherling/Schuckall: "Deutsch hier" 1982), jetzt daran gehen, eigene und fremde Experimente mit Bildern zu systematisieren und über Bildfunktionen generell nachzudenken. Das Buch ist eine Fundgrube für Einsatzmöglichkeiten visueller Elemente, und besonders schön ist, daß wir nicht nur informiert werden, sondern uns am Ende als Teilnehmer eines Zeichenkurses wiederfinden – wer könnte dem widerstehen?

Heinz Wilms

"Schönfärberische und nichtssagende Visualisierung stört den Spracherwerb." (Mainzer Gutachten zu ausgewählten Lehrwerken 1982)

Einleitung

Mit Bildern lernen ist ein Handbuch für den Unterricht, das drei Funktionen erfüllen will:

A) Die vielfältigen Möglichkeiten, die Bilder für den Fremdsprachenunterricht eröffnen, werden verschenkt, wenn sie nicht ihrer Qualität entsprechend eingesetzt werden. Am Anfang steht daher eine Einführung in die Arbeit mit Bildern im Unterricht im Sinne eines Fortbildungsangebots für Lehrerinnen und Lehrer, die Bilder für ihre Praxis nutzbar machen wollen.

B) Eine Seh- und Zeichenschule als Anleitung zur Kreativität im Herstellen eigener visueller Materialien (Ta-

felzeichnen, Gestalten von Unterrichtsmaterial). Bild und Sprache sind verschiedene Medien, die sich gegenseitig ergänzen. Im Sprachunterricht, wie auch in anderen Bildungsbereichen, wird Wissen vorzugsweise über die Sprache vermittelt. Die Funktion des Visuellen als eigenständiges Informationsmittel wird wenig anerkannt, eher einer niedrigeren Stufe der Wahrnehmung zugeordnet. Daher wird auch kaum der Umgang mit und das Sehen von Bildern gelehrt.

C) Ein Materialangebot an bildgesteuerten Übungen und Spielen, auf das im Unterricht zurückgegriffen werden kann.

Im folgenden werden die Lernenden in der Regel als KT, (Sprach-)Kursteilnehmer und Kursteilnehmerinnen, und die Unterrichtenden als KL, Kursleiter und Kursleiterinnen, abgekürzt. Für den Fremdsprachenunterricht steht FU, für Deutsch als Fremdsprache DaF.

Die Rolle der Unterrichtenden

Wer sinnvoll mit Bildern im Unterricht arbeiten will, muß sich mit ihren Vorteilen, aber auch mit den Grenzen ihrer Wirksamkeit auskennen. Bilder können Sprache auslösen und anregen, aber nicht erschaffen. Lerner können durch sie nicht plötzlich "sprachliche Leistungen vollbringen, Ausdrücke und Sprechakte beherrschen, die sie vorher nicht konnten." (Heringer 1982:123). Jede sprachliche Leistung muß vorbereitet und aufgebaut werden. Es gibt KT, die zunächst durch Bilder schwer ansprechbar sind und Vorbehalte gegen kommunikative Unterrichtsformen haben. Nach unserer Erfahrung werden solche Vorbehalte aber aufgegeben, wenn die KT merken, daß Lernen auch in anderen als in den bisher gewohnten Formen möglich ist. Wenn man als Unterrichtende/r hinter dem steht, was man macht, werden auch die KT neue Formen allmählich akzeptieren, sie vielleicht den altgewohnten vorziehen. Man sollte also nicht gleich aufgeben, wenn die Arbeit mit Bildern nicht so läuft, wie man es erhofft hat. Bilder werden nicht immer so verstanden, wie man es erwartet hatte. Manchmal wird eine zusätzli-

che Präzisierung nötig sein, um ein bloßes Konsumieren oder ein Pseudoverstehen abzubauen. Bilder brauchen aber im Prinzip keine Erklärungen durch die KL. Sie sollen zum Austausch individueller Sehweisen anregen und die Eigenaktivität der KT fördern. Das bedingt ein verändertes Rezeptionsverhalten bei den KT, die evtl. eingefleischte Lerngewohnheiten aufgeben müssen. Die KL müssen dazu bereit sein, ihre Dominanz abzubauen und ihr Lehrerverhalten zu überprüfen. Wenn Eigenaktivität der KT gefragt ist, muß eine entspannte Lernatmosphäre bestehen und die KT müssen Zeit haben, ihre Sehperspektive zu entwickeln und sie in Sprache umzusetzen.

Es ist für KL gar nicht so leicht, sich selbst zurückzunehmen, weniger selbst zu reden, weniger ans Stoff-Pensum zu denken.

Kommunikative Unterrichtsverfahren entsprechen nicht immer den üblichen Vorstellungen von Effizienz, aber sie können zu gleich guten oder besseren Ergebnissen führen, gerade bei den sogenannten schwächeren KT.

Zum Begriff kommunikativer Unterricht

Die meisten DaF-Lehrwerke, die seit Ende der 70-er Jahre erschienen sind, erheben den Anspruch, daß mit ihnen ein kommunikativer Unterricht möglich sei. Darunter wird ein Unterricht verstanden, in dem sprachliches Handeln im Mittelpunkt steht und der an den Bedürfnissen der KT ansetzt. Diese Definition ist sehr vage, denn es ist zumeist schwierig, die Lernbedürfnisse und -voraussetzungen der KT herauszufinden, die ja fast immer sehr unterschiedlich sind.

Hier ein Beispiel, was sich die erwachsenen Teilnehmer bei einem Aussiedlersprachkurs vom Deutschunterricht erwarten.

Wünsche für den Kurs:

Bei der Auswal der Bilder, ist wichtig
daß wir darüber nicht nur oberflächig erzählen hätten
sollten, sondern wir können nachdenken,
was für eine Sinn oder Bedeutung der Bild hat.

Aracely
Ich möchte Bilder ansehen, die das Leben im
Ausland zeigen und über das auch discutieren.

Ali Heneish. Ich möchte viel Sprechen, weil ich
hab mit sprechen probleme habe.

Majcheri Ich möchte Gramatik mit Beispille.
Varga: Ich will Gramatik und lesen..

Alwin: Ich möchte mehr Sprechen, und eine gutte Literatur.

Ich finde das gut, daß im Unterricht Bilder
als Hilfsmaterial benutzt werden. Das erlaubt
alle schon bekannte Wörte ber Erzählen
verwenden und auch erkennen daß unsere
Meinungen über dasselben Bild sehr unterschiedlich manchmal sind. Und das finde
ich auch sehr interessant.   HALINA

Schwierig zu fassen ist auch das übergeordnete Lernziel "Handlungsorientierter Unterricht". Es erscheint oft im Zusammenhang mit der Vorstellung von erfolgreicher Verständigung in Alltagssituationen. Wir gehen von einem erweiterten Handlungsbegriff aus: "Wenn Lernprozesse motiviert sind, also einen persönlichen Sinn für die Lernenden haben, dann sind diese Operationen im eigenen Kopf 'handlungsorientiert'" *(Heinz Wilms 1990: 103)*. Es geht also um die innere Bewegung, die KT beim Lernen verspüren, um ihr Interesse an dem, was sie sehen, hören, selbst ausdrücken und um Möglichkeiten, dieses Interesse hervorzurufen und wachzuhalten.

Kommunikativ ist demnach ein Unterricht

- in dem sprachliche Äußerungen in offenen Situationen und Szenarien stattfinden, die von den Lernenden mitausgesucht und mitgestaltet sind,
- in dem ein Reden über Bilder, Texte, Situationen, über Unterricht und Lernen, über Systematisierbarkeit, Merkbarkeit, Anwendbarkeit von Regeln stattfindet,
- in dem Materialien eingesetzt werden, die Fragen aufwerfen,
- in dem die Interimsprache* der KT zugelassen ist,
- in dem Redelust und Neugier herausgefordert werden (z.B. durch "frag-würdige" Bilder).

Nicht kommunikativ sind Lehrverfahren

- die auf striktes Vermeiden von Fehlern ausgerichtet sind,
- die fertige Lernpensen anbieten, die anschließend wieder abgefragt werden,
- die die Muttersprache der KT ausschließen,
- die unter Effizienz- und Zeitdruck stehen,
- die nach einem starren Curriculum vorgehen.

(nach Wilms 1990: 100ff.)

---

* Interimsprache: die sprachlichen Mittel, die auf der momentanen Stufe des Spracherwerbs zur Verfügung stehen. Fehler spiegeln diesen Sprachstand wider.

A Zur Funktion des Bildes im Unterricht

1 Bildfunktionen

1.1 Motivation

Für jeden Fremdsprachenkurs, besonders mit Anfängern, ist zu bedenken, daß nicht nur Neugier und Lust auf die fremde Sprache bestehen, sondern daß viele KT auch Angst vor Überforderung und Leistungsdruck empfinden. Sie wünschen sich nicht nur Effizienz, sondern auch Wärme, Kontakt, Spaß und eine entspannte Lernatmosphäre. Durch Bilder wird nicht nur der Intellekt, sondern auch die affektive Seite des Lernens angesprochen: Freude an einer gelungenen Zeichnung, Spaß an witzigen Details. Es kommt dabei nicht so sehr auf die ästhetische Qualität an, sondern darauf, daß das Bild die Phantasie anspricht, im wörtlichen Sinn 'frag-würdig' ist. (Vgl. A3 Wirkungsweise von Bildern und ihre didaktische Qualität).

Ihren Fahrschein bitte!

Deutsch hier AB, 1985: 32

Auf solchen Bildern ist etwas los. Man kann sich spontan in die Situation und in die Personen hineinversetzen. Fast jeder hat so etwas schon einmal erlebt: Man hat die Fahrkarte vergessen und der Kontrolleur kommt. Wie ziehe ich mich in so einer Situation argumentativ aus der Schlinge? Man bekommt Lust zum Sammeln möglicher Ausreden und Entschuldigungen, die man dann in einem (Rollen-)Spiel ausprobieren kann. → s. S. 82

Bilder bereichern die methodischen Möglichkeiten. Es wird nicht nur gelesen, nachgesprochen, erklärt, sondern auch lehrbuchunabhängig gearbeitet. Das Lernen an und mit eigenen Texten macht mehr Spaß als mit vorgegebenen.

Es ist anregend, jemandem beim Zeichnen zuzusehen oder selbst zu zeichnen und dabei über das Dargestellte zu sprechen, auch wenn es nicht perfekt ist.

Bilder können auf kleinstem Raum eine Fülle von Informationen enthalten, die dazu einladen, entdeckt, benannt und beschrieben zu werden – auch wenn die Sprachkenntnisse noch gering sind. → s. S. 48f.

Wörter, Bilder, Situationen 1983: 15

Zeichnung: Schuckall

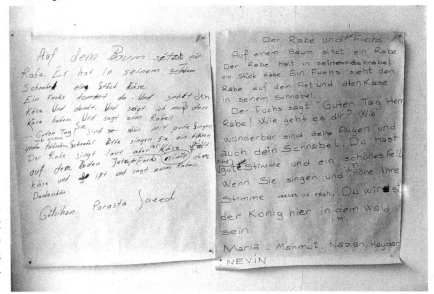

Bilder als Vorlage für lernereigene Texte: es ist motivierend an und mit eigenen Texten zu lernen und mit Hilfe der Phantasie, der Fiktion, des Spiels mit dem sprachlichen Mangel fertigzuwerden.

Wenn sie Gefühle ansprechen, können Bilder aus dem Lehr- und Unterrichtsalltag hinausführen.

Foto: Schuckall

1.2 Differenzierung

Bilder helfen besonders Anfängern, die Diskrepanz zwischen ihrem tatsächlichen Wissen und ihrer eingeschränkten Sprachkompetenz zu überbrücken. Sie schaffen gemeinsame Sprech- und Schreibanlässe, mit denen auch bei heterogenen Sprachständen ein kooperatives Lernen möglich ist. Durch den gemeinsamen Blick auf die Darstellung wird die Konzentration unterstützt. In Partner- oder Gruppenarbeit kann differenziert über das Bild gesprochen und geschrieben werden, wobei das Ergebnis Produkt aller ist. Fertige Texte dagegen zeigen Defizite oft deprimierend auf. Bilder sind daher ein gutes Mittel, den riskanten Gebrauch der im Moment noch eingeschränkten Ausdrucksmittel anzuregen.

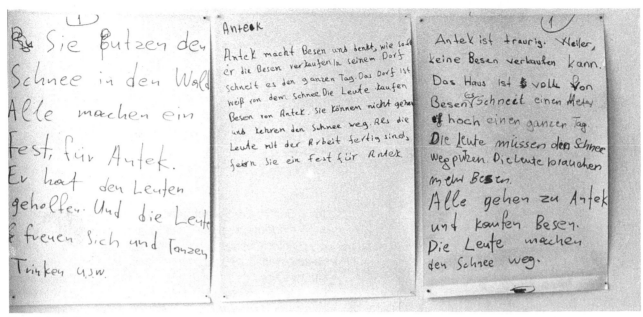

Foto: Schuckall

In einer Anfängerklasse haben Arbeitsgruppen eine Bildergeschichte gemalt und vertextet. Die Texte wurden gemeinsam verfaßt und auf Packpapierplakate geschrieben. Anschließend wurden die Plakate für alle sichtbar aufgehängt, gelesen, verglichen und gemeinsam korrigiert.

1.3 Realitäts-Ersatz

Der Fundus an anschaulichen Mitteln und realen Gegenständen im Klassenzimmer ist sehr begrenzt. Eine besondere didaktische Kraft von Bildern ist es, daß sie ohne größeren Aufwand Sprech- und Schreibanlässe schaffen. Sie holen ein Stück Außenwelt ins Klassenzimmer, zaubern eine Situation, ein Gesprächsthema herbei.

Manche Situationen ließen sich ohne Bilder nur schwer thematisieren und veranschaulichen.

Der Pullover hat einen Fehler und die Frau reklamiert. In Gestik und Mimik der dargestellten Personen sind die Gemütslagen der beiden angelegt. Dadurch wird auch klar, in welchem "Register" die beiden sprechen, welche Wortwahl und Betonung der Redesituation angemessen ist.

Deutsch hier 1983: 110

Zeichnung: Schuckall

Im mündlichen Sprachgebrauch sind Äußerungen oft nicht eindeutig, weil sie sich z.B. auf etwas beziehen, was die Gesprächspartner sehen, aber ein Zuhörer nicht. Solche elliptischen (grammatisch unvollständigen) Äußerungen, wie "da", "hier", "super", "schau mal" sind ohne den Gesprächskontext nicht verständlich. Sprache und Bild ergänzen einander. Das Bild ergibt mit dem Text zusammen die komplette Information.

Deutsch hier 1983: 140

Vielsagender als das Gesagte selbst ist oft die Körpersprache: Mimik, Gestik und Bewegung.

1.4 Anschaulichkeit

Visuelle Verstehenshilfen sind in vielen Fällen anderen Erklärverfahren überlegen. Zum Beispiel eignen sich Tafelzeichnungen sehr gut zur Einführung von Begriffen, vor allem bei konkreten Gegenständen, Zuständen, Handlungen. Im Gegensatz zur Sprache haben Bilder eine unmittelbare Ähnlichkeit mit dem Dargestellten. Sie können es immer dann repräsentieren, wenn die sprachliche Bezeichnungsmöglichkeit fehlt oder schwierig ist. Diese anschauliche Kraft von Bildern unterstützt das Verstehen und hilft den Unterrichtenden dabei, ökonomischer und effektiver zu erklären.

Gerade für Anfänger ist es wichtig zu wissen, worum es geht, in welcher Situation gesprochen wird, worüber gesprochen wird, wer spricht, wo gesprochen wird und in welchem sozialen Kontext gesprochen wird. Erst wenn sie darüber "im Bild" sind, können sie selbst produktiv werden.

Die Situation ist durch das Bild sofort klar. Die KT haben in ihrer Muttersprache bereits Vorstellungen über einen möglichen Gesprächsablauf, die sie in Form einer freien Äußerung oder eines Partnerdialogs in die Fremdsprache übersetzen.

Deutsch Aktiv 1979: 49

Mit ein paar Strichen an die Wandtafel skizziert, können Begriffe schnell erklärt werden. → s.S. 114f

Man kann mit Grafiken und Tabellen komplizierte Zusammenhänge darstellen und einsichtig machen. Unangenehme, weil schwere Texte verlieren ihren Schrecken, wenn sie durch vorgeschaltete oder begleitende Bilder entlastet werden.

KRIMINALITÄT

Wie in Chicago

Raub und Mord an der Wohnungstür nehmen zu: Klingelgangster überfallen vor allem Alte und Schwache.

Kinder, Kinder, was macht ihr denn für Dummheiten", flehte die Kölnerin, 85, ihre beiden Besucher an, „ihr wollt doch hoffentlich keine Mörder werden." Die Schwerhörige wurde an Händen und Füßen gefesselt, unter Schlägen gab sie ein Geldversteck im Nachttisch preis. Die Täter (Beute: 1700 Mark) wurden gefaßt, die alte Dame erlitt Beulen und Hautabschürfungen.

Nicht besser erging es der Ha... ge-rin Margarete Godow, 8...

ten sich auf dem Rüc... Gefecht mit einer Fu... Nachbarn alarmiert ... Zeuge: „Verhältnisse ...

Als Klingelgangster ... von Kriminellen, betä... giftsüchtige in Geldr... Räuber, die Hehlerw... wurden Jahr für Jah... Überfälle registriert ... herbst häufen sich i... sparte „Raub an der ... spektakulären Fälle: ... Hamburg binnen ei... schen, darunter di... Etschmann, unter ... und Würgegriffen b...

Weil Banken u... besitzer ...

Der Spiegel 2/89: 60   Foto: Köhler

Das Foto ermöglicht ein (teilweises) Aufheben der stofflichen Überforderung durch den schwierigen Zeitungstext. Über das Bild können die KT die Situation erfassen. Sie ahnen schon, worum es geht und können nun – von ihren eigenen Hypothesen ausgehend – im Text "herumstochern".

(Vgl. das Kapitel B32 Bilder als "advance organizer")

Visuelle Zeichen und Abbildungen können den Funktionsbereich und die formale Bildung mancher Grammatikpensen anschaulich und verständlich machen.

PERFEKT   **PRÄTERITUM**

Deutsch hier 1983: 158

1.5 Gedächtnisstütze

Informationen, die über verschiedene Sinnesorgane aufgenommen werden, werden im allgemeinen besser verstanden und behalten. Untersuchungen zeigen, daß das optische Gedächtnis effektiver ist als das kognitive. Man kann sich besser an Benennungen, Zusammenhänge, Abläufe erinnern, wenn sie beim Lernen mit Bildern, Symbolen oder Zeichen gekoppelt wurden.

Bilder können für das Verstehen und Behalten von Texten außerordentlich hilfreich sein, insbesondere, wenn sie so ungewöhnliche Situationen darstellen, wie das vorliegende Bild (nach BRANSFORD und JOHNSON 1973).

"Der Bildkontext wirkt sich vor allem dort auf die Behaltensleistung von Sätzen verbessernd aus, wo semantisch nicht eindeutige Aussagen im Satz durch den Bildkontext einer eindeutigen semantischen Interpretation zugeführt werden. Zur Illustration mag eine einfache Untersuchung von BRANSFORD und JOHNSON (1973) dienen. Vpn (Versuchspersonen) sollten einen kurzen Text sorgfältig anhören, anschließend seine Verständlichkeit einschätzen und nach einer Pause so viele Inhalte des Textes wie möglich reproduzieren. Der Text lautete:"Wenn die Ballons explodierten, konnte der Klang nicht mehr übertragen werden, da die Anlage zu weit von der richtigen Etage sich befindet. Ein geschlossenes Fenster würde ebenfalls die Übertragung behindern, da die meisten Gebäude gut isoliert sind. Da die gesamte Operation von einem stetigen Fluß der Elektrizität abhängt, würde ein Bruch in der Mitte des Drahtes ebenfalls Probleme verursachen ..." Einer Gruppe von Vpn wurde vor dem Anhören des Textes das Bild in Abb. 4.26. für 30 Sekunden gezeigt. Im Vergleich zur Kontrollgruppe, die das Bild nicht sehen konnte, schätzte die Experimentalgruppe den Text als wesentlich verständlicher ein und reproduzierte doppelt so viel der Inhalte. Erst der anschauliche Kontext erlaubt eine geschlossene semantische Interpretation der sonst unverständlichen sprachlich übermittelten Information und begründet damit die bessere Behaltensleistung." *Hoffmann 1983: 173ff*

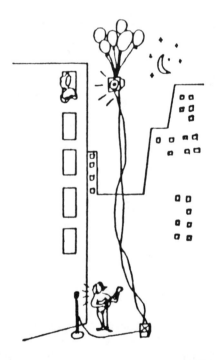

Abb. 4.26.

Aus solchen Erkenntnissen kann man im Unterricht profitieren. Bei der Wortschatzarbeit z.B. sollte man so vorgehen, daß die Vokabeln nicht einfach in der Reihenfolge ihres Vorkommens an die Tafel geschrieben werden ("Vokabelfriedhof"), sondern in didaktisch gegliederten Übersichten.

Durch visuelle Erinnerungsstützen kann der Wiedererkennungs- und Behaltensprozeß beim KT noch weiter optimiert werden.

Die KT können auch gegliederte und visualisierte Tafelanschriebe entsprechend in ihre Vokabelhefte übernehmen. Solche Gliederungsmöglichkeiten sind z.B.:

– Wörter unter einen begrifflichen Nenner bringen,
– Oberbegriffe suchen,
– Wortgruppen visuellen Zeichen zuordnen.

Grundwortschatz Deutsch Übungsbuch 1991: 54/55, Illustr.: R. Burkart

2 Die Sprache der Bilder

2.1 Rezeption von Lehrbuchillustrationen:

Mit verschiedenen KL- und KT-Gruppen von ganz unterschiedlichem Grad an Rezeptionsinteresse und -erfahrung wurde folgendes Bild aus einem DaF-Lehrbuch analysiert.

Deutsch als Fremdsprache 1A, 1978: 132

Das Lehrbuch war unbekannt, der bildbegleitende Text abgedeckt. Es ging um die Frage, inwieweit eine Lehrbuchillustration (hier Foto) textvorentlastende Aussagen zum situativen Kontext (Wo?), zu den handelnden Personen (Wer?), zum Gesprächsanlaß (Was?) geben kann.

Unmißverständlich wurde von allen Gruppen der Ort (situativer Kontext) definiert: Deutsches Wohnzimmer, mit schweren Ledersesseln und viel Eichenfurnier. Auch die

Größe der Wohnung wurde nach einigem Betrachten geschätzt: Man sieht ein Wohnzimmer, der Blick geht auch noch in ein Arbeitszimmer (rechte Tür) und einen salonähnlichen Raum (linke Tür). Es fehlen aber noch Schlafzimmer, vermutlich Kinderzimmer, Bad, Küche. Also eine ziemlich große Wohnung, mit ca. 5 Zimmern. Die Miete konnte durch eigene Erfahrungen geschätzt werden, und das soziale Niveau wurde mit gehobener Mittelstand angegeben.

(Exkurs: Interessant war ein Experiment in einem anderen Seminar. Hier hatten wir die beiden Türen im Bildhintergrund mit einer Fotografie einer Küchenzeile (rechte Tür) und einer Fotografie einer sog. Naßzelle/Bad (rechte Tür) überklebt und der ganze Kontext wurde anders rezipiert: Vollgestopftes Einzimmerappartement, Möbel als Erbstücke oder vom Sperrmüll, usw.)

Handelnde Personen:

Ein Mann, gestisch und körpersprachlich aktiv, eine Frau, die ruhig in ihrem Sessel lehnt.

Auf die Frage, wer wohl hier zu Hause ist, wurde in allen Gruppen einstimmig die Frau genannt und der Mann als Besucher definiert. Warum? Die meisten vermuteten in dem Mann einen Vertreter, der aber große Schwierigkeiten hat, dieser Dame etwas zu verkaufen –

Begründung: seine sehr unbequeme Art zu sitzen – und die ruhige Souveränität der Frau, die sich abwartend verhält. ...

Eine inhaltliche Interpretation:

Die Einstimmigkeit der Rollenbeschreibung der Frau begründet sich aber eindeutig formal: durch ihre Position im Bild. Sie sitzt auf der rechten Bildseite, entgegen der Leserichtung, bzw. Rezeptionsrichtung des Bildes. Wie lesen wir Bilder, bzw. haben wir je gelernt, wie man Bilder lesen soll? Viele von uns nicht; wo auch, in der Schule, von den Eltern? Und trotzdem haben Kinder keine Probleme bei der "Rezeption" von Bildergeschichten, sie übertragen einfach ihre Lesegewohnheiten (auch Schreibgewohnheiten in einem) auf Bilder, also rezipieren sie von links nach rechts.

Nun ist es natürlich nicht so, daß Bilder immer analog unserer Lese- und Schreibrichtung aufgebaut sind. Die Renaissance-Malerei entwickelte ausgeklügelte Bildkonzeptionen. Auch ein abstraktes Bild ist nicht unbedingt in der gewohnten Bildleserichtung zu dechiffrieren. Aber Bilder mit erzählendem Inhalt haben diese links-rechts Richtung als Grundlage.

Nehmen wir ein Beispiel: Der Blindensturz von Pieter Breughel:

 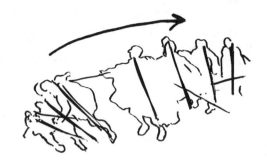

Nur ein solcher Bildaufbau unterstützt die dargestellte Parabel. Die erste Figur fällt und die anderen folgen/fallen ihr nach. Analog der Leserichtung fällt die vertikale Linie (in der Schemazeichnung) in die horizontale.

Ein entgegengesetzter Bildaufbau würde als "aufsteigend" empfunden. In allen Grundschul-Fibeln geht z.B. immer links die Sonne auf, wandert in die Mitte der Seite und geht in der rechten Bildseite unter. Das erscheint uns logisch.

Zurück ins Wohnzimmer:

Die Konstellation Besucher/Vertreter - Gastgeberin ergab eine Menge Sprechanlässe, die alle spannender waren als der Original-Lehrbuchtext, der eigentlich ein Grammatiktext (Relativsatz) ist und alle eigenen Interpretationen weitgehend enttäuschte:

19   **Eine Einladung**

Herr Hartmann, der gerade von einer Reise zurückgekommen ist, unterhält sich mit seiner Frau.

Herr Hartmann: Ich möchte gern Herrn Weber einladen, der
                     ja nächste Woche nach Argentinien fährt.
Frau Hartmann: Wir sollten noch einige Gäste dazu einladen,
                     die Herrn Weber kennen
                     und mit denen er zusammengearbeitet hat.
Herr Hartmann: Herrn Meier auf jeden Fall, und Fräulein Klein,
                     die auch persönlich mit ihm befreundet ist.
Frau Hartmann: Es gibt sicher auch noch andere,
                     von denen sich Herr Weber sich verabschieden möchte.
Herr Hartmann: Da hast du recht. Ich frage ihn,
                     wen wir noch einladen sollen.
Frau Hartmann: Und was ist mit Herrn Gonzales? Der ist doch hier.
Herr Hartmann: Herr Gonzales, mit dem Herr Weber in Südamerika
                     zusammenarbeiten wird, hat schon zugesagt.

Deutsch als Fremdsprache 1A Neubearbeitung 1978: 132

Jetzt wirkte das Bild, die Situation zu diesem Text plötzlich unecht, gestellt, lehrbuchillustrationsmäßig. Mit so einem Aufwand bespricht auch das Lehrbuchehepaar Hartmann wahrscheinlich keine Gästeliste. Ein solcher Gesprächsanlaß müßte beiläufiger situiert bzw. illustriert werden: Vielleicht liegen beide im Bett und gehen vor dem Einschlafen nochmal die Gästeliste durch ...

2.2 Sehen und Nichtverstehen

Im folgenden sollen vier Beispiele diskutiert werden, die zeigen, daß ohne eine eindeutige Beziehung zwischen Text und Bild die Bildinformation hinderlich für den Lernprozeß werden kann.

Beispiel 1

Zwei Männer auf einer Brücke sprechen miteinander. Schon als Muttersprachler ist es nicht einfach, den Text richtig zu rekonstruieren. Für einen Fremdsprachler ist die Situation kaum nachvollziehbar. Wird hier nach dem Weg gefragt? Dann müßte das normalerweise aus dem Auto erfolgen. Oder geht es ums Parken? Dann ist das Bild mißverständlich!

Hier ist eindeutig zu viel gewollt und daran scheitert die Illustration. Liegt die Stimmigkeit in der Beschränkung der visuellen Mittel?

Beispiel 2

Dazu eine Reihe von Bildern aus einem audio-visuellen Lehrbuch, das mit sehr reduzierten visuellen Mitteln Lehrbuchtexte illustriert. Hier ein bildlich dargestellter Dialog:

Das Deutschbuch, 1980: 94

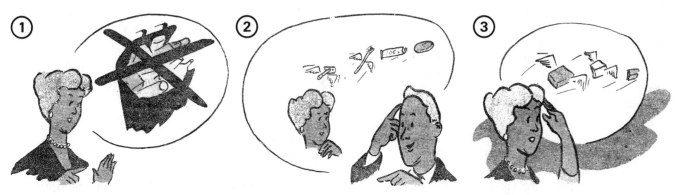

Méthode audiovisuelle d'Allemand 1962: 47

Raten Sie mal!
Ohne Begleittext "funktionieren" die Bilder nicht.

Hilde könnte mit ihrer Denkblase eher an die zunehmende Umweltverschmutzung denken (KT-äußerung zum Bild: Müll abladen verboten) als daran, daß 'Hans nicht viel braucht'. Es wird eine Aktentasche gezeigt, die vollgestopft mit allerlei Gegenständen (=viel) und anschließend durchgestrichen (=nicht viel) wurde.

Im zweiten Bild denkt Hans, was Hilde wieder (!) alles vergessen wird. Die niedlichen Flügelchen am Naßrasierer und an der Zahnbürste wurden nur von ausgebufften Comicrezipienten als "nachschicken" entschlüsselt. Diese Art von Reduktion funktioniert nicht, da die Zusammenhänge zu komplex sind, um sie so zu vereinfachen,

bzw. nicht visualisierbar sind: viel, nicht viel, etwas, etc. sind abstrakte Begriffe, die nicht bildnerisch darstellbar sind. In dieser verkürzten Form stellen sie fast eine Metasprache dar, die KT zuerst lernen müssen, um damit dann die Fremdsprache zu erlernen.

Originaltext:

① Hilde: Dann brauchst du nicht viel.
② Hans: Du vergißt wieder meinen Rasier-
          apparat, meine Zahnbürste,
          Zahnpaste und Seife.
③ Hilde: Immer vergesse ich etwas.

21

Beispiel 3a   **Beispiel 3b**

Vorwärts 1974: 77

Neugriechisch 1983:72

Nach längerem Betrachten erkennt man auf dem Bild eine Straßensituation, mit Verkehrsschildern, Autos, Gebäudeteilen und nach genauem Hinsehen auch fünf Personen. Eine Person ist dabei betont durch ihre Position im Bildvordergrund – ihr verschlossenes Gesicht verhindert allerdings eine weitere Beschäftigung.

Die ganze Situation wirkt eingefroren und macht es dem Betrachter schwer, einen Einstieg zu finden. Liest man den zugehörigen Dialog, so versucht das Bild wohl, diese 'Auskunft' zu visualisieren:

```
Klaus:      Entschuldigung, wo gibt es hier ein
            Taxi?

Fräulein:   Gleich da vorne links!

Klaus:      Danke schön!
```

Das mißlingt mehrfach: Um der Bildanlage einen Anstrich von Wirklichkeit zu geben, wird mit zentralperspektivischen Mitteln gearbeitet, die den Blick in geschwärzte Flächen führen (Bildtiefe?). Im trüben fischt der Rezipient dann nach den Handlungsträgern, nach den Sprecherrollen. Aber gesichtslose Menschen haben es schwer, Identifikationsperson zu sein, in Lehrbüchern ganz besonders.

Der 'künstlerische' Stil der Darstellung macht es einem darüber hinaus nicht leichter. Die Linienverdoppelung – für Comicleser als 'Bewegung' deutbar – Schraffuren, Flächen, wirken abwechslungsreich in dem Sinne, daß die Frustrationsgrenze des Auges verlängert wird. Es gibt viel zu schauen, ohne daß man etwas sieht.

Gleiche Situation anders umgesetzt: Ein Mann fragt um Auskunft. Die Dialogpartner sind jetzt deutlich im Vorder-

grund. Mimik, Körperhaltung und Platz im Bild geben Auskunft über den Kontext und Sprechanlaß:"Auskunft erfragen."

Ein klar erkennbarer Weg führt in den Bildhintergrund, wo er sich verzweigt, quasi als visuelle Vorgabe für einen möglichen Dialogverlauf und seine Verzweigung.

Bilder für den sprachdidaktischen Gebrauch müssen so angelegt sein, daß die Lerner sich sofort im klaren über den Kontext sind, der (Identifikations)-Rollen aufzeigt, die im Dialog nachgesprochen werden können.

2.3 Räumliche Ordnung oder: Auf den Standpunkt kommt es an!

Der Orbis pictus des Amos Comenius (1652).

"Ursprünglich und unmittelbar gedacht zur Unterstützung des Lateinunterrichts, weitet sich das 'Vokabellernen' im Orbis Pictus zu einer 'Lernarbeit' aus ... in der es um nichts weniger geht, als um die Integration des Sprachlernens in einem Aneignungsprozeß, der auf die begriffliche und gegenständlich anschauliche Wirklichkeit in dieser Verbindung und auf Totalität zielt. Comenius will, daß die Kinder, indem sie Namen und Wörter lernen, zugleich und dauerhaft mitlernen, daß diesen Namen bestimmte Sachverhalte und konkrete Gegenstände in der Wirklichkeit entsprechen. In dieser Absicht ist das Bild deutlich ein Mittel und bekommt seine Bedeutung dadurch, daß es für einen Sachverhalt, einen Gegenstand, eine Handlung steht -wie das Wort.

Charakteristisch für den Orbis Pictus ist also nicht die Gegenständlichkeit allein, sondern die Tatsache, daß hier der Versuch gemacht wird, unter Beibehaltung von Gegenständlichkeit die Erkenntnis von Zusammenhängen zu vermitteln.

Wie aber Zusammenhänge sichtbar machen in einem Bild? Zusammenhänge werden bei Comenius ohne Bedenken verräumlicht bzw. als räumliche Beziehungen in Bildern dargestellt!"

Hartwig 1976: 64f.

neutralisiert gegenüber. Die Katastrophe wird gar zum Abbild von Wirklichkeit (Bild an der Wand).

Eine Verwässerung der Comenius'schen Bildkonzeption? Nein, eben gemäß den damaligen Zeitbedürfnissen eingerichtet.

Comenius 1658:12

Gailer 1835: 8

Der Betrachter assoziiert durch den gewählten Bildausschnitt, daß er selbst im Raum steht, nahe beim Kamin. Dieser Bildteil ist ihm am nächsten – nicht nur durch die perspektivische Raumordnung, also Bildvordergrund, sondern auch in seiner inhaltlichen Bedeutung: Feuer und Wärme (Erscheinungsjahr 1658!).

Weit weg vom Betrachter, wieder in doppelter Bedeutung, das Feuer als Katastrophe (brennendes Gebäude), gesehen durch ein Fenster, also 'wirkliches' Vorkommnis. Zwischen beiden 'Erscheinungsformen' von Feuer, die Geräte, die zu seiner Herstellung notwendig sind.

Die Zeichnung, die diesem Holzschnitt zugrunde liegt, wirkt sicher noch deutlicher, aber auch der seitenverkehrte Druck betrifft in seiner räumlichen Ordnung den Rezipienten.

Knapp zweihundert Jahre später (1835) veröffentlicht Jacob Eberhard Gailer seinen Neuen Orbis pictus für die Jugend. Vergleicht man die Visualisierung Gailers mit jener von Comenius, so sieht man deutlich, wie er sie 'dem jetzigen Zeitbedürfnis gemäß eingerichtet' hat.

Der Betrachter steht jetzt mitten in einem Raum, dessen zentralperspektivische Anlage den Tisch mit der Kerze als Mittelpunkt zeigt. Die Gegenstände auf dem Tisch sind weniger geworden, die Benutzung des Feuers einfacher. Feuer als Lichtquelle steht im Bildmittelpunkt und die bei Comenius betonten Funktionen betreffen den Betrachter nicht mehr durch nah und fern, sondern stehen sich quasi

Heute orientieren sich Aufmachung und Gestaltung von Lehrbüchern an der Bildlichkeit der Massenmedien – warum dann dieser Exkurs in die Anfänge der didaktischen Visualisierung?

Erstens, weil der Konsum von massenmedialer Bildlichkeit die Einzelbildrezeption unmöglich macht – wir haben das genaue Hinsehen verlernt – und zweitens, weil der Lerner in Lehrbüchern einem Bildgebrauch ausgesetzt ist, der genaues Hinsehen erfordert. Vermittler (Lehrer) und Produzenten didaktischer Darstellungen können von den 'alten Meistern' immer noch eine Menge lernen, die Prinzipien sind längst entwickelt und erprobt.

Konsequenzen falscher Visualisierung

Ein türkischer Junge wird zum Schulrektor gerufen, der ihn belobigen will. Wie ist diese Situation dargestellt:

Ein extrem stark perspektivisch gezeichneter Gang, gesehen aus der Froschperspektive – intendiert als Kinderperspektive? Im Vordergrund dominiert der Direktor, klein im Hintergrund der türkische Junge. (Zielgruppe des Lehrwerks sind ausländische Kinder, die in Deutschland Deutsch lernen).

Interessant die komplizierte Blickführung: Durch die gewählte Raumdarstellung ist der Platz des Betrachters (Kindes) im linken Bildvordergrund, unten. Dann blickt er am Rektor hoch (aufschauen!) und quasi mit den Augen des Rektors auf den türkischen Jungen herunter – also letztlich auf sich selbst, da den ausgewählten Rollenträgern im Buch Leitfigurenfunktion zufällt.

Ausschließlich durch die räumliche Organisation, der situative Kontext ist ganz komprimiert dargestellt und ohne jeden Schnörkel, visualisiert die Zeichnung die Situation in dem Maße, daß sie dem Lerner nicht nur seinen Platz im Bild, sondern auch in der Wirklichkeit zuweist. – Ganz unten nämlich!

Die ganze Situation aus dem Blickwinkel des Kindes darzustellen, hätte nicht nur zu größerer Identifikation mit dem betroffenen Kind im Bild, sondern auch zur Darstellung der eigenen Betroffenheit geführt.

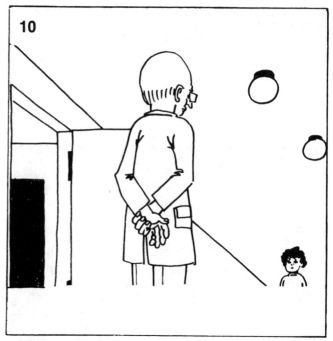

Deutsch in Deutschland Neu 1976: 14

Parteilichkeit

Feridun 1977: 67

Ein Beispiel aus einem Lehrbuch für türkische Arbeitnehmer in Westdeutschland. Die Leitfigur des Buches ist in einer Situation, die seine projizierten Ängste überzeichnet darstellt. Alle Vorbereitungen, die er zur Erlangung einer Ausreisegenehmigung, einer Aufenthalts- und Arbeitsgenehmigung getroffen hat, können durch den Stempel 'Abgelehnt' zunichte gemacht werden. Warum dann eine Karikatur zur Visualisierung dieser existentiellen Problematik? Eben darum: Der Beamte, dessen Macht sich in dem kleinen Stempel ausdrückt, wird in der Projektion zum aufgeblasenen Monster.

Die Betroffenheit der Leitfigur ist die Betroffenheit der Lerner (die alle diese Situation kennen). Dies ist in einem parteilichen Bildaufbau bewußt angelegt.

Wie mißverständlich wäre die Bildaussage bei einer anderen Bildanlage:

Nun folgt der Blick dem stempelnden Beamten, der Rezipient sieht den Vorgang jetzt mehr aus der Rolle des Täters als des Opfers.

Die Schwierigkeiten mit räumlicher Darstellung steigern sich, wenn die Rezipienten Kinder sind, d.h. in einem Alter, in dem sie in ihrem eigenen bildnerischen Ausdruck keine perspektivischen Formen verwenden.

Deutsch aktiv 1980: 38

Englisch 1952: 12

Die additive Reihung behandelt dagegen alle gezeichneten Personen gleich(berechtigt), durch die Abbildung in gleicher Größe.

Das Bild visualisiert eine Situation mit gleichberechtigten Dialogpartnern – als Vorgabe, die dann von den Lernern entsprechend ihren Sprachkenntnissen bzw. ihrem Temperament entwickelt werden kann.

Zum Vergleich eine Illustration mit dem gleichen Thema. Diesmal stark perspektivisch präsentiert, vermutlich um 'echter', naturalistischer zu wirken.

Dadurch werden zwei Dialogpartner betont - ohne Bedeutung für die Situation, während die anderen beiden im Hintergrund verschwinden und scheinbar die Nebenrollen spielen. Die 'verkleinerte' Darstellung erschwert darüber hinaus die Rezeption ihres Handelns, ihrer Mimik .

Der Illustrator und seine Zwangsjacke
oder: Gemeinsam geht's besser

Alle aufgeführten Beispiele haben eins gemeinsam: sie sind nachillustrierte (Dialog)Situationen, d.h. der Text war fertig – im schlechtesten Falle gar gesetzt und der Grafiker/Fotograf hatte die leidvolle Aufgabe, in dieser Zwangsjacke eine Situation zu Papier zu bringen, die alltäglich wirken, zum Sprechen aktivieren und landeskundliche Information weitergeben soll – am besten alles zusammen.

Gerade Lehrwerke, die als Lernziel dialogisches Sprechen in Alltagssituationen setzen, müssen die Visualisierung in die Konzeption integrieren und nicht bloß als schicke Aufbereitung und Verpackung behandeln. Handlungen und Situationen, die vom Text/Dialog her eindeutig verlaufen, können durch 'falsche' Bebilderung mißverständlich bzw. ins Gegenteil verkehrt werden. Oft ist es sehr viel leichter, einen Text (in Dialogform übertragene Grammatik) zu verändern, den Kontext anders zu situieren, als nur ein Bild drüberzustülpen. Didaktischer Bildgebrauch kann vom Lehrer und Lerner nicht verlangt werden, wenn es bei der Lehrbuchkonzeption zu keiner 'Verzahnung' von Text und Bild gekommen ist.

Als Ausblick für die nächste Lehrwerksgeneration sei die Forderung gestellt, in die Konzeption nicht nur die 'Progression' im sprachlichen, sondern eben auch im visuellen Bereich zu reflektieren.

Eine Grundfrage ist unausgesprochen geblieben: Die Erfahrung im Umgang mit Bildern auf Seiten der Lerner. (Die Lehrer haben den Vorteil der Lehrerhandbücher. Aber in welcher Ausbildung ist 'Wahrnehmung, Bildrezeption, Arbeiten mit Bildern' vorgesehen?) Ein wichtiger Punkt, wenn Bilder Mittler und Motivationsträger beim Erlernen einer Sprache werden, ihre Lesbarkeit aber am Erfahrungsmangel der Lerner im (didaktischen) Bildgebrauch scheitert.

3 Wirkungsweise von Bildern und ihre didaktische Qualität

3.1 Bild und Betrachter

Verschiedene Bildtypen sprechen KT unterschiedlich an. Comics wurden bei uns lange als gefährlich, weil angeblich verdummend für Kinder und Jugendliche bewertet, während in Frankreich alle Altersgruppen mit Vergnügen z.B. ASTERIX lasen und lesen.

Bildliche Darstellungen, die uns unverfänglich erscheinen, können von Angehörigen anderer Kulturen abgelehnt werden. Neben kultur-, alters- und geschmacksbedingten Kriterien ist bei der Auswahl auch das mit dem Bild verbundene Lernziel zu beachten. Im Prinzip sind alle Bildtypen verwendbar, wenn sie adäquat eingesetzt werden.

Für das Einschätzen der Wirkung von Bildern ist es wichtig, die Sehgewohnheiten der KT zu kennen. Wie werden sie auf eine zeichnerische Provokation reagieren? Verstehen sie die Ironie, die Anspielungen? Bilder werden von KT manchmal nicht ernstgenommen oder sogar abgelehnt, weil sie als infantil, unseriös oder unästhetisch empfunden werden und nicht, wie in manchen Ländern üblich, eine ideale Wirklichkeit darstellen. Für die mitteleuropäische Sehweise interessant sind gerade die angedeuteten Konflikte, die Verfremdungen, die gestörte Harmonie, während das Harmonische, Glatte kaltläßt. Über solche Sehweisen und Bewertungen kann diskutiert werden. Im Unterricht ist es bisweilen sinnvoll, Bilder auszuwählen, sie mit Tipp-Ex, Schere und Zeichenstift zu verändern und zu "zensieren".

Deutsch aktiv 1 1979:65

Visuelle Materialien können auf jeder Stufe und in jeder Phase des Unterrichts eingesetzt werden. Besonders nützlich sind sie am Anfang von Lernsequenzen (Einstieg in ein neues Lerngebiet) und am Ende von Lernsequenzen (freie Anwendung des Gelernten). In den dazwischenliegenden Phasen und Schritten können Bilder auf vielfältige Weise zum Einsatz kommen, z.B. als Steuerungsimpulse bei Übungen, zur Lernzielkontrolle, bei Worterklärungen, bei der Einbettung und Kontextualisierung von Aufgabenstellungen. Wichtig ist, daß Bilder nicht allzuoft eingesetzt werden, sondern da, wo sie eine Funktion haben.

3.2. Bildtypen

3.2.1. Darstellende Bilder

Darstellende Bilder sind alle Formen von Visualisierungen, die eine direkte Ähnlichkeit mit in der Realität vorkommenden Dingen und Lebewesen anstreben. Schwierigkeiten beim Verstehen solcher Darstellungen kann es geben, wenn sie stark stilisiert, zu grob oder ungenau sind.

Karikatur

Widerborstige, kauzige, verblüffende Typen sprechen emotional an. Man kann sich an ihnen reiben oder sich mit ihnen identifizieren, sich hinter der Person verstecken.

Über politische Karikaturen läßt sich oft schwer sprechen. Sie machen sprachlos. Die Pointe löst eher ein bitteres Lachen aus.

Deutsch aktiv Folien 1, 1980: 7

Cartoon

Jeder Cartoonist entwickelt seinen eigenen Zeichenstil. Cartoons können Einzelbilder oder Bildgeschichten sein. Meist geht es um einen komplexen Sachverhalt, der ironisch oder hintergründig kommentiert wird.

Collage

Aus vorgefertigten Bildteilen (Fotos, Zeichnungen, Texten, Strukturen, usw.) wird ein neues collagiert, d.h. die verschiedenen Elemente werden nach inhaltlichen und ästhetischen Aspekten zusammengeklebt, ergeben eine vielschichtige neue Abbildung.

(Beispiel: konkrete Ausrisse mit Informationen über eine bestimmte Person sind zu einer abstrakten Figur collagiert.)

Deutsch aktiv Neu 1A 1986: 7

Was ist das?
Ein Hund oder eine Katze?

Skizze

Kennzeichnend ist das Unfertige. Sie ist ein Mittel beim Erklären, beim Festhalten einer spontanen Idee, eine Orientierungs- und Merkhilfe. Durch die Flüchtigkeit der Zeichnung ist sie offen, uneindeutig.

Wright 1976: 101

Stereotyp

Die Personen sind ohne Leben. Sie wirken kalt, schablonenhaft und lassen auch den Betrachter kalt (Fotoersatz).

| Postamt | Telefon | Gaststätte |

Deutsch Konkret I LB 1983: 91

Pictogramme

Sie sind sehr stark vereinfachte bildliche Darstellung. Sie dienen zur schnellen Orientierung im Alltag und werden fast sprachlos rezipiert.

Foto: Schuckall

Symbol

Symbole stehen für etwas: einen Sachverhalt, einen Begriff. Die damit zu verbindenden Sprachhandlungen sind: Benennen, Erklären.

Deutsch konkret 1 LB 1983: 80

Comic

Die Sprache tritt hinter die Bilder zurück. Kinder "lesen" Comics, ohne die Schrift zu verstehen. Deshalb haben Comics eine eigene Bildersprache. Comics sind mit Bildern erzählte Geschichten. Typisch sind die Sprechblasen, die mit Tipp-Ex ausgelackt werden können.

3.2.2. Logische Bilder

Logische Bilder sind Visualisierungen abstrakter oder komplexer Zusammenhänge. Es gibt keine direkte bildliche Entsprechung zu natürlichen Objekten. Logische Bilder arbeiten mit Balken, Säulen, Kreisen, Pfeilen usw. als bildlichen Elementen, die z.B. ein Zahlen- oder Mengenverhältnis darstellen. Die Bedeutung solcher Zeichen muß erst gelernt werden.

Schema, Diagramm

Hier geht es um die vereinfachte Darstellung eines Ablaufs oder Zusammenhangs. Die äußere Form einer Ordnung wird abgebildet.

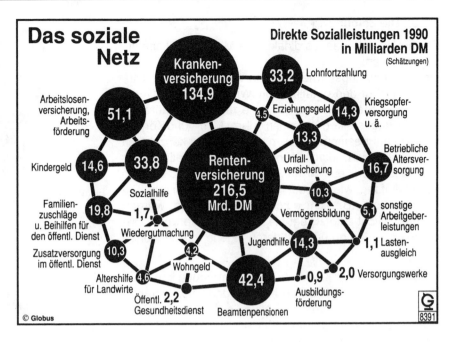

Grafik, Schaubild

Sie erklären oder ersparen komplexe Texte und erlauben ein schnelles Erfassen der Information.

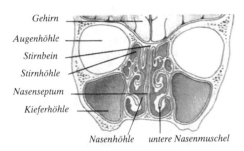

Längsschnitt durch den Gesichtsschädel. Hier kann man die Nasenhöhle, den Kiefer, das Stirnbein und die Stirn mit ihren Höhlen sehen.

Das praktische Gesundheitsbuch o. J.: 132

Tabelle

Sie löst Daten in Spaltenform auf und ermöglicht dadurch eine visuell erfaßbare Ordnung von Informationen.

das Brot die **Brote**	der Korb die **Körbe**	die Portion die Portion**en**	der Name die Name**n**	der Füller die Füller	das Bild die Bild**er**	das Glas die Gläs**er**	der Kuli die Kuli**s**
– e	¨ e	– en	– n	–	– er	¨ er	– s
Lineal– e	Körb– e	Tageslicht- projektor– en	Name– n	Füller–	Bild– er	Gläs– er	Kuli– s
Brot– e	Würst– e	Portion– en	Suppe– n	Hamburger–	Ei– er	Münd– er	Radier-
Stück– e	Händ– e	Ohr– en	Landkarte– n	Kännchen–			gummi– s
Arm– e	Häls– e	Schmerz– en	Tasse– n	Finger–			Kognak– s
Bein– e	Bäuch– e	Entzündung– en	Flasche– n	Knochen–			Pizza– s
Tag– e	Brüst– e		Dose– n	Knie–			
	Füß– e		Zigarette– n	Schenkel–			
			Lunge– n				
			Auge– n				
			Lippe– n				
			Nase– n				

Deutsch hier 1983: 44

3.2.3. Die Zeichnung

Zeichnungen haben als didaktische Mittel im FU spezifische Stärken:

Ihre Erscheinungsformen reichen vom einfachen Pictogramm bis zu den detailreichen 'Wimmelbildern'. Durch ihre künstliche Produktion sind sie für den FU nützlich, weil die dargestellten Personen in ihrer Mimik und Körpersprache auf bestimmte Rollen reduziert und konzentriert werden können. Dadurch können die Sprechintentionen für die Betrachter deutlich herausgestellt werden, auch in einer Häufung, wie sie real nicht oder selten vorkommen und so auch z.B. nicht durch ein Foto gezeigt werden könnten. Nicht zuletzt regt die Zeichnung die Phantasie der Rezipienten an und ruft deren eigene Assoziationen ab.

Feridun 1977: 42

Mit den Mitteln der Karikatur, der Verfremdung kann das Dargestellte ironisch gebrochen werden, die Zustände und Konstellationen verdeutlicht und so kontroverse Meinungen provoziert werden. (Ein Arzt für viele Arbeiter. Viele Ärzte für einen Direktor.)

Zeichnungen sind didaktisch flexibel. Sie lassen sich gezielt einsetzen, um ein bestimmtes Ziel zu erreichen. Dabei sind sie manipulierbar durch Weglassen und Hinzufügen.

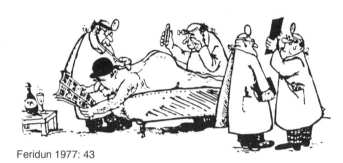

Feridun 1977: 43

Zeichnungen können leicht verändert und dadurch dem Sprachstand der KT oder einem Lernziel angepaßt werden. Zeichnungen lassen sich auch leichter einem fertigen Text anpassen. Auch von der äußeren Form sind sie flexibler, ein Foto ist fast immer rechteckig.

Aufeinanderfolgende Handlungen und Geschichten können durch Zeichnungen in Bilder übersetzt und gespielt werden. Personen in Zeichnungen sind für die KT leichter als 'Maske' (für Rollenspiel) zugänglich als fotografierte Personen.

Zeichnung: Schuckall

Zeichnungen lassen sich leicht und in jeder Situation selbst herstellen und einfacher vervielfältigen als Fotos. Auch als Kopien wirken Fotos oft schlechter und blasser als Zeichnungen.

Zeichnung oder Fotografie?

Die Frage nach dem besseren Medium für Lehrbuchvisualisierung ist müßig, da beide Illustrationsformen ihre spezifischen Stärken haben – es kommt nur darauf an, sie entsprechend einzusetzen.

Das Foto bildet Wirklichkeit scheinbar so ab, wie sie ist. Vorgenommene Manipulationen durch den gewählten Ausschnitt, bzw. Arrangements des Motivs fallen nicht mehr auf, da die Glaubwürdigkeit eines Fotos höher eingestuft wird. (Dokumentarfoto, Schnappschuß). Demgegenüber hätte dann die Zeichnung den Freiraum, daß sie vom Rezipienten sowieso als 'nachgemachte' Situation (mit mehr oder weniger Realitätsbezug) eingeordnet wird. Man ist sich im klaren darüber, daß die Zeichnung

(vor allem Karikatur oder stilisierte Zeichnung) ein 'Überzeichnen' einschließt. – Die KT sind sich übrigens auch im klaren, in welcher Situation ihnen diese Zeichnungen begegnen: als Illustrationen in einem Sprachlehrbuch, und gewisse Erfahrungen im Umgang mit Bildern dürfen bei den meisten Lernern vorausgesetzt werden, z.B. Cartoons, Comics, politische Karikaturen, Werbung, Fernsehen.

Die Vorteile der Zeichnung, die Anlage des Text- und Situationsbezugs didaktischer zu planen im Gegensatz zu dem tot 'gestellten Foto', verpflichten die Zeichnung aber auch zu einer entsprechenden Sorgfalt. Gerade weil durch Weglassen, Ausschnittwahl und Kontextverdichtung die Zeichnung flexibler ist (auch billiger!) darf man eine beabsichtigte, bewußte Anlage unterstellen. Dies soll nun an einigen Beispielen überprüft werden.

3.2.4. Das Foto

Das Foto als 'Miniatur der Wirklichkeit' scheint näher an der Realität, scheint objektiver als die Zeichnung. Deshalb hat das Foto auch eine höhere Akzeptanz, wird ernster genommen als die Zeichnung, wenn es um die Vermittlung von landeskundlichen Inhalten oder um Zeitdokumente geht. Dennoch ist jedes Foto nur eine Fiktion, weil es genau wie die Zeichnung nur einen Ausschnitt darstellt. So werden auch viele Fotos zu manipulatorischen Zwecken eingesetzt. Andererseits hat aber das Foto einige unbestreitbare Vorteile:

Deutsch aktiv Neu 1C 1989: 81

Fotos sind Dokumente, sie drücken auch viel Atmosphärisches aus, Moden, Stile u.a. Historische Persönlichkeiten, Politiker, Stars sind kaum anders darzustellen. Städte, Landschaften und landeskundliche Besonderheiten sind mit einem Foto anschaulich und unverwechselbar.

Deutsch konkret I LB 1983: 77

Viele Betrachter können sich besser in ein Foto hineinversetzen und empfinden eher Anteilnahme und Betroffenheit als bei einer Zeichnung. Diese Qualität sagt aber noch nichts darüber, ob das Foto auch zum Sprechen anregt. Die dargestellte Realität ist schon zu 'fertig' als daß man noch viel interpretieren könnte.

Dialogsituationen wirken oft gestellt und steif.

Deutsch aktiv Neu 1B 1987: 8

Mischform: Foto-Zeichnung

Eine Alternative sind montierte Bilder mit einem Foto im Hintergrund und gezeichneten Figuren. Diese Figuren wirken offener und spielbar. Die Lerner können sie mit ihren eigenen Ideen füllen.

Fotos in Sprachlehrwerken haben den Nachteil, daß sie relativ schnell veralten. Schon nach wenigen Jahren sieht man an Frisuren, Kleidern, Automarken, daß die Zeit weitergegangen ist. Solche veralteten Bildmaterialien wirken wenig ansprechend. Die Fotos bei einer Überarbeitung auszutauschen, ist ebenfalls teurer als Zeichnungen.

3.3. Eindeutigkeit-Mehrdeutigkeit

Bilder sind fast nie völlig eindeutig, auch wenn sie so gedacht sind. Sie haben oft Details, die im Unterricht nicht angesprochen werden, weil sie nicht ins Konzept passen, die die KT aber vielleicht mehr interessieren als das didaktisch Gemeinte. Deshalb sollten Bilder immer in ihren verschiedenen Dimensionen ausgewertet werden, denn wenn die eigenen Ideen der KT ausgeschaltet werden, entsteht Langeweile. Bevor das Lernziel angesteuert wird, kann erst einmal ausprobiert werden, was das Bild alles hergibt (siehe "didaktische Hinweise für den Bildeinsatz" und "Wechselwirkung Bild-Lernziel").

Bild A: Die Situation ist durch Gestik und Mimik der Personen anscheinend klar. Der Funktionsbereich möglicher Sprachhandlungen ist aber völlig offen. Eine Vielzahl von Äußerungen ist möglich:

- "Ihre Frau ist am Telefon."
- "Schauen Sie, da kommt ein Gewitter."
- "Ist das Ihr Auto auf meiner Wiese?"

Bild B: Erst durch das Schild "Camping verboten" wird eindeutig klar, welche Sprechhandlung eingeführt, bzw. geübt werden soll: der Hinweis auf ein Verbot unter Verwendung der Modalverben ("Können Sie nicht lesen? Hier dürfen Sie nicht ...") Durch das Schild bekommt die Geste des Landwirts eindeutigen Aufforderungscharakter. Das Zeigefeld steuert die Verwendung bestimmter Redemittel.

Deutsch hier 1982: 103

Was sagen die Leute?

Gerade wenn Bilder nicht eindeutig sind, regen sie die Phantasie an und lösen Sprechhandlungen aus, die sonst im Unterricht selten vorkommen: Vermutungen anstellen, Gefallen/Mißfallen äußern, Zustimmen, Widersprechen usw.

dpa-frm/pro

3.4 Offenheit – Geschlossenheit

Offene Bilder erleichtern es, im Unterricht miteinander ins Gespräch zu kommen. Sie schaffen Redekonstellationen, in denen natürliche Sprachverwendung möglich ist, weil nicht nur dem KL zuliebe kommuniziert wird. Bilder, die zu Äußerungen anregen sollen, müssen viel Deutungsoffenheit besitzen, damit die KT mit ihrer Phantasie eingreifen können. Je offener sie in verschiedenen (räumliche, zeitliche, kulturelle, soziale) Dimensionen sind, um so mehr regen sie zur sprachlichen Interpretation an. Lehrbuchbilder sind manchmal überraschend "zu". Glatte, perfekte, in sich geschlossene, ganz auf Eindeutigkeit hin angelegte Bilder regen nicht zu Deutungen an.

Die Kamera

Günter: Wem gehört die Kamera?
       Gehört sie dir?
Paul: Ja, die gehört mir.
       Gefällt sie dir?
Günter: Ja, so eine suche ich schon lange.
       Kannst du sie mir mal leihen?
Paul: Ich kann sie dir schon geben,
       wenn du sie mir bald wiederbringst.
Günter: Das ist doch selbstverständlich.
       Ich möchte sie nur mal ausprobieren.
       Vielleicht kaufe ich mir auch so eine.
Paul: Meinem Bruder gefällt sie auch.
       Dem soll ich sie auch leihen.
Günter: Dann gib sie zuerst ihm und dann mir.
Paul: Gut, ich gebe dir dann Bescheid.

Deutsch als Fremdsprache 1981: 64

Das Lehrbuch-Situationsfoto ist völlig geschlossen, gestellt. Die Situation ist mit wenigen Worten beschrieben. Es gibt kein Detail, über das man spekulieren könnte. Die beiden könnten über alles Mögliche sprechen. Der Dialog wirkt daher künstlich. Zwischen Bild und Text besteht nur ein oberflächlicher Zusammenhang.

Dieselbe Situation bekommt durch eine offene Zeichnung plötzlich Leben. Das Mofa gefällt Klaus, er fragt, ob er es mal ausleihen kann, aber Norbert ist nicht ganz einverstanden. Klaus muß Norbert überreden und der Ausgang des Gesprächs bleibt offen. Der Prozeß des Fragens, Überzeugens geschieht im Unterricht und wird nicht durch den Dialog vorgegeben:

Klaus: Wem gehört das?
         Gehört das dir?
Norbert: Ja, das gehört mir.
         Gefällt es dir?
Klaus: Ja, so eins suche ich schon lange.
         Kannst du es mir mal leihen?
Norbert: Nein.
Klaus: ....

Deutsch konkret I LB 1983: 74

Bilder können in mehrfacher Hinsicht offen sein, d.h. ein Zeigefeld haben, das über die Bildgrenzen hinausweist und sprachlich ergänzt werden kann.

DVV Blasengeschichten

Räumliche Offenheit

Die Blickrichtung der beiden Männer deutet auf ein Geschehen außerhalb des Bildrahmens. Vielleicht geht gerade jemand vorbei, den die beiden kennen oder der ihre Aufmerksamkeit erregt.

Foto: BRK Landespressestelle

Zeitliche Offenheit

Wer sind diese Personen? Was ist passiert? Warum sind sie im Wasser? Wie kamen sie dahin? Was machen sie jetzt wohl?

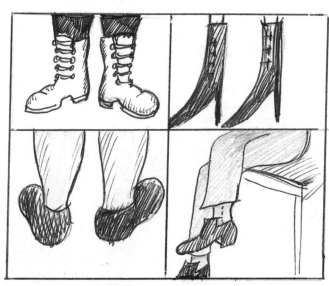

Zeichnung: Schuckall

Soziale Offenheit

Arbeiterin? Hausfrau? Elegante Dame? Von den Personen sind nur die Beine und Füße zu sehen. Wie sehen diese Personen aus? Wie alt sind sie? Welche Berufe haben sie? Die Bildausschnitte sind "Teilportraits", die verbal und bildlich ergänzt werden können.

Deutsch hier 1983: 22

Kommunikative Offenheit

Eine ausländische Familie und ein deutscher Gast. Die Frau bietet Tee an, der Gast macht eine abwehrende Handbewegung. Der Gastgeber im Schneidersitz ermuntert den Gast, etwas zu sich zu nehmen. In welcher Beziehung stehen die Leute zueinander? Ist der deutsche Gast vielleicht ein Beamter oder der Hausbesitzer? Warum ist er hier, was will er von den Leuten?

Foto: Hans van der Meer

Offenheit in mehrfacher Hinsicht

Manche Bilder sind völlig offen für Interpretationen. Die KT müssen viele Fragen an das Bild, den Lehrer oder ihre Lernpartner stellen, also sprechen und kommunizieren.

Die dargestellte Situation regt zu Fragen an: Wer ist das? Wo ist das? Was macht sie? Warum macht sie das? Woher kommt sie?

3.5 Widerhaken

Eine zweite wichtige Qualität von Bildern, die zum freien Sprechen oder Schreiben anregen sollen, sind "Widerhaken", die Eingreif- und Spielmöglichkeiten eröffnen und Anlaß zu Spekulationen bieten.

Foto: Hans Wagner amw

Das Foto über die Räumung der ehemaligen Baustelle für die atomare Wiederaufarbeitungsanlage in Wackersdorf zeigt sehr klar die Wirkung eines "Widerhakens". Sieht man zunächst nur die rechte Bildhälfte an, so ist das Dargestellte schnell erfaßt und mit wenigen Worten beschrieben:

Eine Gruppe von Männern, die durch Schutzhelme und Motorsäge als Waldarbeiter gekennzeichnet sind, stehen gelassen und gutgelaunt zusammen. Sie scheinen ins Foto zu lächeln, als gelte es, für eine Gruppenaufnahme zu posieren.

Das Bild gewinnt seinen Zusammenhang und seine Dramatik, wenn wir auch die linke Bildhälfte aufdecken. Das Foto entpuppt sich als Momentaufnahme eines politischen Geschehens, das zu dieser Zeit (1986) große Teile der deutschen Gesellschaft beschäftigte.

Wir werden als Betrachter mit ins Geschehen hineingezogen. Die scheinbar unbeteiligte Gruppe der Holzfäller stellt den Kontrapunkt zu dem Geschehen in der linken Bildhälfte dar.

Foto: Hans Wagner amw, natur 3/86: 42

Die zwei Personengruppen – durch eine Gasse getrennt – erwecken den Anschein, als ob sie gar nichts miteinander zu tun hätten. Die gelassene Haltung der Waldarbeiter signalisiert "wir haben mit der Sache nichts zu tun" – was die Bedrohlichkeit der Aktionen in der linken Bildhälfte ins Irreale hin verstärkt. Der Betrachter nimmt auf den ersten Blick das Bild gar nicht ernst, es erscheint gestellt, bis er

ins Geschehen hineingezogen wird und nach Aufklärung über die Hintergründe verlangt. Die Momentaufnahme als Miniatur des realen Geschehens enthüllt Details, die die Imagination herausfordern und nach Deutungen verlangen. (Vgl. Jürgen Schreiber "Blickpunkt Wackersdorf, in "natur" Nr. 3/1986 S: 42-45)

3.6 Situativität: Wo? Wer? Was?

Lerner sollen auf den ersten Blick "im Bild sein"! Ausnahmen sind Bilder, die im Unterricht aufgebaut werden – siehe OHP-Einsatz., bzw. Tafelzeichnung. Aber auch hier müssen die einzelnen Details klar und eindeutig sein, wenn nicht gerade Mißverständlichkeit als Sprechanlaß gewählt worden ist.

In der Regel bedeutet dieses "im Bild sein" die Darstellung des situativen Kontextes – den Ort (Wo?). Dieser ist sowohl Realitätsersatz, landeskundliche Information und hat nicht zuletzt Einfluß auf die Sprache (Amt, Behörde = offiziell, Hochsprache; zu Hause, Kneipe = privat, Umgangssprache).

Der Ort kann detailreich dargestellt sein, als Träger von zu versprachlichenden Kontexten (siehe Beispiel unten: Adressen) oder reduziert wie beim "Kneipenbild" (S. 34) Tresen als Linie, Gläser) oder wie im nebenstehenden Beispiel, wo die Kleidung (Bauarbeiter-Schutzhelm) Hinweise auf den Ort gibt.

Wer spricht mit wem? Die Sprecher in einem Bild sollen als solche klar erkennbar sein. Die Rezipienten sollen nicht im Unklaren gehalten werden, sondern die im Unterricht zu aktivierenden Rollen deutlich durch die Personendarstellung in Bildern vorgegeben bekommen.

Deutsch hier 1982: 7

Dabei spielen die Plazierung im Bild – in der Regel deutlich im Vordergrund, die Sprecher-Folge – analog der Leserichtung eines Bildes links-rechts, die Mimik und Gestik der dargestellten Personen eine wichtige Rolle. Letzteres, also Mimik und Gestik sind Indikatoren für Stimmung, Emotionen, Kommunikationsbereitschaft, etc.. Im besten Fall werden die abgebildeten Personen von den KT angenommen und ausgespielt, d.h. sie sind Träger von Sprache. (Siehe auch II.1.)

Wenn Bilder nicht nur schmückendes Beiwerk zur Seitenauflockerung sind, sondern eine Handlung stimmig darstellen, führen sie unmittelbar zum Sprechanlaß. Geht aus dem Bild hervor, was die Leute tun oder worüber sie sprechen, wird es zum wichtigsten Bestandteil im Sprachlernprozeß.

"Können Sie mir sagen, wie ich zu ......

komme?" "Ja, da gehen Sie .... !"

Wer: Deutlich im Vordergrund zwei Personen. Mimisch deutlich sprechend, aufeinander ausgerichtet (Konvention). Mann fragt, Frau erklärt und zeigt (gestisch). Im abgebildeten Beispiel ist der Arm als drehbare OH-Folie angelegt, um quasi im Bild eine "Lernzielkontrolle" anzulegen.

Wo: Straßenszene in einer Stadt. Detailreich dargestellt, da im Bild "Adressen" versteckt sind, die von den Lernern aktiviert, d.h. ausgesucht und versprachlicht werden. – Also nicht nur eine, die dann monoton wiederholt wird, sondern "selber suchen" und entsprechenden Weg beschreiben.

Was: Ohne den ausgestreckten Arm wäre die Situation offen, d.h. die beiden könnten über alles Mögliche sprechen (Bekannte treffen sich, usw.). Der Arm wird in unserer täglichen Kommunikation in der Regel nicht so demonstrativ bewegt, hier unterstreicht er gestisch eine Wegerklärung.

Anmerkung: Die beiden Sprechblasen waren als Träger für den zu schreibenden Dialog gedacht. Interessanterweise motivierten diese 'Comic-Zitate' gerade sogenannte 'lernschwache' KT. Nach einigem Rätseln fanden wir heraus, daß es nicht das Comiczitat, sondern der begrenzte Schreibraum war, der motivierte ("Das krieg ich auch hin").

3.7 Wechselwirkung Bild – Lernziel

Im Prinzip sind alle Bildtypen im Unterricht verwendbar, wenn mit ihnen ein adäquates Lernziel verknüpft wird. Ein Pictogramm z.B. wird fast sprachlos rezipiert, während ein Situationsbild Sprachhandlungen verschiedener Art auslösen kann: Benennen, Beschreiben, Vermutungen anstellen, landeskundliche Vergleiche anstellen, Meinungen äußern usw. Für den Unterricht ist es nützlich zu wissen, welche Eigenschaften dazu führen, daß mit Bildern bestimmte Lernziele erreicht werden.

Auch bild-erfahrenen KL kann es passieren, daß ein scheinbar geeignetes Bild im Unterricht nicht ankommt (oder ein scheinbar nichtssagendes überraschend Interesse wachruft). Um Pannen zu vermeiden, sollte man einen Blick für die Qualität visueller Materialien entwikkeln. Voraussetzung für die sinnvolle Koppelung von Lernzielen mit Bildern ist, daß zwischen beiden eine didaktische Entsprechung besteht. Es wäre z.B. nicht sehr sinnvoll, ein detailreiches, komplexes Bild mit nur einer enggefaßten Aufgabenstellung zu verbinden. Oder andersherum, ein wenig differenziertes Bild mit wenig Deutungsoffenheit taugt nicht für eine offene Aufgabenstellung (z.B. freies Vertexten). Fast immer können mit Bildern verschiedene Lernziele gekoppelt werden. Nur wenige Bildtypen bedingen eindeutig ein bestimmtes Lernziel.

Zwei Lehrwerke, zwei erste Seiten.

Beidesmal geht es um Begrüßung.

Lehrwerk A ist für eine internationale Zielgruppe konzipiert. Die Kapitelüberschrift ist "Internationaler Kongreß". Alle möglichen Leute begrüßen sich auf vielfältige Art.

Das Bild ist komplex aufgebaut. Verschiedene Personengruppen demonstrieren Begrüßungskonventionen: Vorstellen, nach dem Namen fragen, usw..

Deutsch aktiv 1 Folien

Lehrwerk B ist ein 'Neugriechisch-Kurs' für deutsche KT. Beide Personen begrüßen sich mit "Kalimera". Die Illustration zeigt die unterschiedliche Gestik, wobei der 'deutsche' Tourist wie gewohnt die Hand ausstreckt und ihn der Einheimische auf 'griechisch' begrüßt.

Neugriechisch 1983: 9

3.8 Verändern von Bildern

Ein weiteres Beispiel soll zeigen, wie der Bildeinsatz auf den verschiedenen Progressionsstufen des Lernens variiert werden kann. Es ist mit der schriftlichen Aufgabenstellung "was machen die Leute falsch?" verbunden.

Für Anfänger ist das Bild mit dieser offenen Aufgabenstellung zu komplex. Es laufen gleichzeitig mehrere Handlungen aufeinander zu. Das ist sprachlich sehr schwer auszudrücken. Das Bild muß also mit einem einfacheren Lernziel gekoppelt werden. Das komplexe Bildgeschehen soll so fokussiert werden, daß es mit einfachen sprachlichen Mitteln beschrieben werden kann.

Deutsch aktiv 2 1980: 54

Das Lehrbuchbild wurde für eine Anfängergruppe leicht verändert. Die KT können sich in die Perspektive des Mädchens versetzen, das dem blinden Mann erklärt, was auf der Straße los ist. Dabei entsteht ein einfacher Dialog:

x Ach du liebe Zeit!

o Was ist denn los?

x Ich sehe ein Mädchen.
  Es läuft über die Straße.

o Hoffentlich kommt kein Auto.

x Da kommt ein Motorrad. Und da
  kommen auch zwei Fahrräder.

o Schrecklich!

x Wir müssen helfen!

o Wir können nichts machen.

Eine weitere Veränderung bezieht andere Augenzeugen mit ein, die dem Geschehen aus einer anderen Perspektive zusehen.

Die Leute am Fenster werden andere Sprachmuster verwenden als der Blinde und das Mädchen, z.B.:

```
"Schau dir das an!"
"Mensch, das Mädchen."
"Ruf sofort einen Arzt!"
"Die spinnen wohl!"
"Gleich wird's krachen."
```

Das Geschehen von 'höherer Warte' aus gesehen. Was der Engel und Gottvater miteinander besprechen, könnte ein interessanter Redeanlaß sein.

B Die praktische Arbeit mit Bildern im Unterricht

1. Bildträger und ihre methodischen Möglichkeiten

1.1 Der Tageslichtprojektor (Overhead-Projektor = OHP)

Seit einigen Jahren liefern Lehrwerke neben Tonträgern (Cassetten) auch Bildmedien, hauptsächlich in Form von Folien. Die Diareihen, früher den audio-lingualen Lehrbüchern zugeordnet, verschwinden mehr und mehr. In den Lehrerhandbüchern wird auf die Verbindung der Folien mit dem Lehrbuchtext hingewiesen, bzw. deren Einsatz beschrieben. Meist wird dort die buchbegleitende Projektion geschildert. Die weit vielfältigeren Möglichkeiten der OH-Projektion sollen im Folgenden kurz aufgezeigt werden:

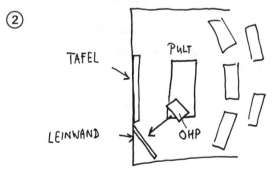

Funktion:

① Der Tageslichtprojektor projiziert transparente Bildträger auf eine helle Fläche, die trotzdem ohne direkte Sonnen- oder Kunstlichteinstrahlung sein sollte.

② Seine Position im Klassenraum sollte nicht wie im Kinosaal mittig ausgerichtet sein, sondern neben der Tafel, um parallel zum Unterricht eingesetzt zu werden.

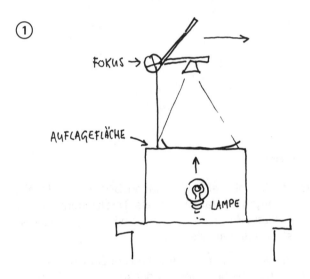

③ Wichtig ist auch, die Projektion als Unterrichtende/r zu sehen, sonst redet man über Bilder, die unsichtbar oder an der Decke sind. Öfter ist im Unterricht zu beobachten, daß die KL im Projektionsstrahl – also hinter dem Projektor mit Sicht auf die Klasse und die Projektion – stehen, die KT aber kein Bild zu sehen bekommen. In vielen Klassenzimmern gibt es fest installierte Leinwände oder fest installierte weiße Tafeln. Günstig ist es, deren Neigungswinkel so zu kippen (siehe Skizze), daß keine Verzerrungen im projizierten Bild entstehen, da sonst die Rezeption eingeschränkt, wenn nicht unmöglich ist. Ideal ist ein Pult als Standfläche, auf dem dann Platz für Folien, Abdeckblätter, etc. ist. Die fahrbaren OH-Einheiten aus dem Medienraum haben den Nachteil, daß ihnen ein Ablageplatz fehlt. Vielleicht sind auch ein Bleistift, Kuli, eine Kreide nützlich, um Abdeckblätter auf Folien zu beschweren – manche OH's haben ein so starkes Gebläse, daß ein dramatischer Bildaufbau buchstäblich weggepustet wird.

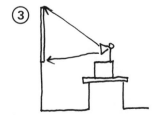 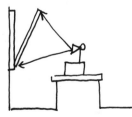

Gegenüber anderen Bildträgern hat die über den OHP präsentierte Bildfolie einige besondere Vorteile:

– Sie ist methodisch sehr flexibel einsetzbar. Im Prinzip kann jede kontrastreiche Vorlage auf Folie kopiert werden. Man braucht dazu ein Kopiergerät und eine für das jeweilige Gerät geeignete Kopierfolie. Kopierfolien sind dicker als Zeichenfolien, damit sie nicht durchschmoren. Die Folie wird einfach wie ein Blatt Papier ins Magazin gelegt.
– Man kann die Folie auf eine Abbildung legen und diese abzeichnen.
– Folien können in Ruhe zu Hause (oder auf der Fahrt zum Unterricht) vorbereitet werden.
– Sie sind leicht aufzubewahren und immer wieder einsetzbar.
– Mit dem OHP wird das Bild so groß projiziert, daß jedes Detail von der ganzen Lernergruppe gesehen wird. Die Aufmerksamkeit der ganzen Gruppe ist auf das Bild konzentriert.

– Auf der Folie kann man auf kleinem Raum Zusammenhänge systematisch darstellen. Ihre Übersichtlichkeit bietet den KT die Möglichkeit einer strukturierten visuellen Aufnahme der Informationen.
– Die Folie läßt sich besonders kontrolliert und zielgerichtet einsetzen: sie kann ganz oder teilweise zu- oder aufgedeckt bzw. überdeckt werden. (s. 1.1ff)
– Schriftliche oder visuelle Produkte der KT (z.B. das Ergebnis einer Gruppenarbeit) können auf Folie übertragen werden und so auch visuell der Gesamtgruppe präsentiert werden.

Die Folie ist kein Ersatz und keine Alternative für die Tafel sondern ein für die Bildpräsentation besonders geeignetes Medium. Anders als die Tafel bietet sie ein eng begrenztes Darstellungsfeld, das zu überlegter und planmäßiger Gestaltung und zu mediengerechter Präsentation zwingt.

1.1 Die didaktische 'Peep-Show':

Allmähliches Entwickeln des Bildes mit vorgefertigtem Bildmaterial

Folienbilder können allmählich aufgedeckt werden. Dabei wird durch sukzessives Entwickeln eines Zusammenhangs Spannung geweckt und das Interesse am Dargestellten wachgehalten. Daher sollten Bilder nicht als Ganzes gezeigt werden, denn so verlieren sie zu schnell ihren Reiz. Die Chance zur Spekulation und zum freien Sprechen wird verschenkt. Wir gehen von einem eher nebensächlichen Detail aus und lassen das Bild nach und nach entdecken, wobei die KT ausgiebig Gelegenheit zum Sprechen haben. Der 'Clou', die generelle Bildaussage, die Auflösung kommt erst am Schluß.

Beispiel A) Sempé

1) Obere Bildhälfte wird mit Blatt abgedeckt.
   Zeichnung reduziert Situation auf das Wesentliche: Wo? (Ort), Wer? (Personen), Was? (Blickrichtung, Mimik). Keine Kommunikation, beide Personen denken über etwas nach ...

2) Was denken die beiden? Situationsbild um zwei Denkblasen ergänzen (auf Folie, als Tafelzeichnung, als Arbeitsblatt), KT füllen allein oder in Partnerarbeit aus. – Ausfüllen und auswerten.

3) Was denkt der Mann? Aufdecken der Denkblase links durch Verschieben des Abdeckblattes. – Überraschende Situation, vergleichen mit eigenen Ergebnissen und spekulieren, was wohl die Frau denkt ...

4) Ganzes Bild sichtbar – wer war mit seiner Lösung am nächsten dran ...

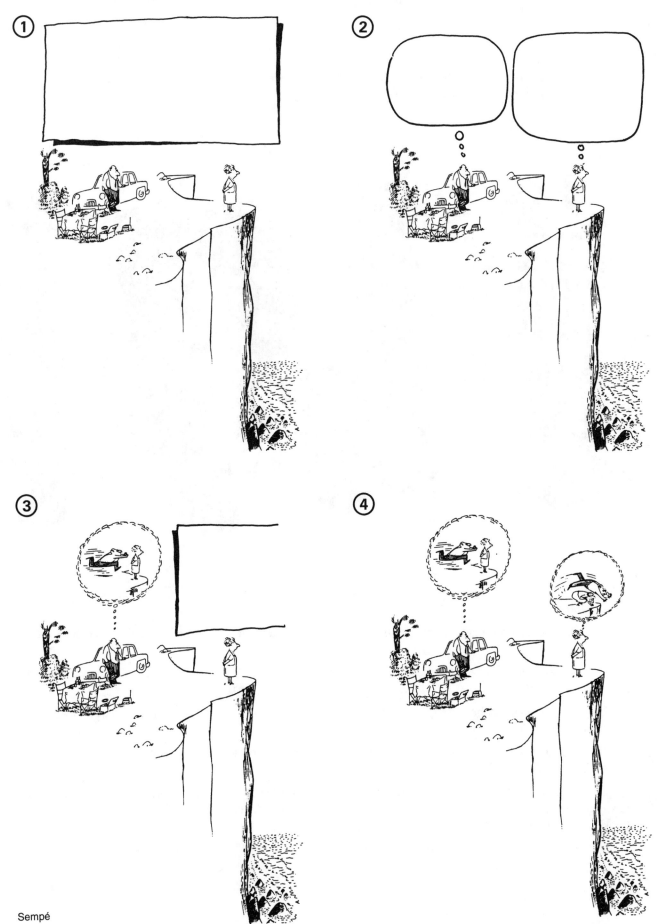

Sempé

Beispiel B

1.1.2 Additive Reihung I

Solche Bilder sind in der Anlage bereits didaktisch aufgebaut, d.h. sie 'funktionieren' analog der Leserichtung von links-nach-rechts. Im Unterricht könnte diese bildgesteuerte Übung z.B. so ablaufen:

① Wo? – Wohnung

Was? – Schubladen herausgezogen, jemand hat etwas gesucht, Unordnung Einbruch? – KT spekulieren lassen

② Wer? – Mimisch und körpersprachlich aggressiver Mann, schaut nach rechts, redet mit jemand über die Situation

③ Wer? – Frau – mimisch betroffen. Sprechanlaß: "Nie räumst du auf ..." – "Wie schauts denn hier aus ..." – "Wo ist mein/e ...?" usw.

④ Durch Aufdecken des Bildsegments wird durch die Geste der Hand auf einen Handlungsfortlauf verwiesen – wie geht die Geschichte weiter?

⑤ Junge: Mimisch und körpersprachlich im Unterschied zu den Eltern – er weiß etwas – kanns aber nicht gewesen sein, da sonst seine Mimik nicht stimmig, steht außerhalb der Handlungsschiene, d.h. Gestik der Hand der Mutter geht an ihm vorbei ...

⑥ Ganzes Bild aufdecken. Hund hat Pfeife geklaut ...(z.B. im Unterricht für Kinder/Jugendliche)

Additive Reihung II

Ein weiteres Beispiel wäre die Lehrbuchillustration zum literarischen Text "Taugenichts" von Eichendorff. Die Bildanlage ist bereits 'didaktisiert' (durch Auswahl der auf den Text bezogenen Bildinhalte, bzw. durch den Bildaufbau), kann aber im Unterricht "spannender" eingesetzt werden als durch bloßes Auflegen. Durch sukzessives Aufdecken (von links nach rechts) werden die Textpassagen quasi "illuminiert", bzw. visuell vorentlastet. (Text gleichzeitig von Cassette hören oder vorlesen)

Deutsch aktiv Neu 1C 1989: 42

"Das Rad an meines Vaters Mühle brauste und rauschte schon wieder recht lustig ① der Schnee tröpfelte emsig vom Dach ② die Sperlinge zwitscherten und tummelten sich dazwischen ③ ich saß auf der Türschwelle und wischte mir den Schlaf aus den Augen, mir war so recht wohl in dem warmen Sonnenscheine. ④ Da trat der Vater aus dem Hause, er hatte schon seit Tagesanbruch in der Mühle rumort und die Schlafmütze schief auf dem Kopfe ⑤ der sagte zu mir: "Du Tagenichts! Da sonnst du dich schon wieder und dehnst und reckst dir die Knochen müde und läßt mich alle Arbeit allein tun. Ich kann dich hier nicht länger füttern ⑥ Der Frühling ist vor der Tür, geh auch einmal hinaus in die Welt und erwirb dir selber dein Brot."

Additive Reihung III

Das Situationsbild 'Auf der Bank' könnte auch ohne die im Lehrbuch vorgesehenen Dialoge für sich als Sprechanlaß genützt werden. Entweder kann man das Bild im Buch ansehen oder über den OHP projizieren. Die Situation ist einfach zu erkennen.

Deutsch aktiv Neu 1C 1989: 15

Zur Versprachlichung bzw. Dialogisierung kann nun der OHP eingesetzt werden, indem mit Hilfe eines Deckblattes, aus dem ein kleiner Kreis geschnitten ist, die einzelnen Personen 'abgefahren' werden können.

Die Bildanlage ist so konzipiert, daß nach dem Betrachten des Bildes (li-re) die Situation klar ist: Die letzte Person ist ein Bankräuber und die nun folgende Handlung kann von den 'beteiligten' KT beschrieben werden. Dabei 'spricht' immer die Person, die als Kopfportrait sichtbar gemacht wird: "Ich habe gesehen, ..."

Die Bildanlage unterstützt dieses 'Zurückschauen' durch die Ausrichtung der Personen von rechts nach links, also gegen die Leserichtung!

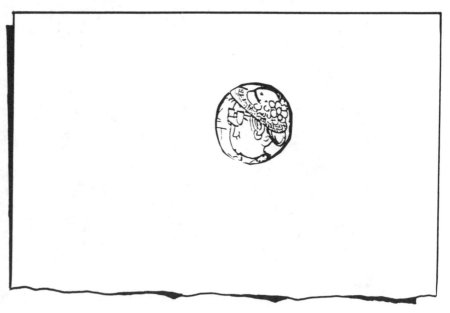

1.1.3 Vom Detail zum Ganzen

Für die folgenden Beispiele ist es nötig, spezielle "Decker" anzufertigen.

Ein Bild – drei Sprechanlässe

1) offene Situation

2 Männer, körpersprachlich aktiv (Gestik), fragender, freundlicher Gesichtsausdruck (Mimik) bei Rezeptionsrichtung links-rechts – ein Auto:

Durch den gestischen Verweis der beiden Sprecher (offener Mund) auf das zwischen ihnen plazierte Auto wird der Sprechanlaß das Auto sein:

Dialogablauf, Beispiel:

```
o "Was kostet der Wagen?" -
x "Tja, der Motor ist fast
    neu, TÜV 2 Jahre, äh..."
```

2) eindeutige Situation: "Am Taxistand"

Durch das Typogramm "TAXI" wird die Situation eindeutig, d.h. die Zuordnung der Personen analog der Rezeption (Konvention) ergibt links einen Fahrgast, rechts den Fahrer mit dem konventionellen Dialogablauf:

```
o "Entschuldigung, ist das
    Taxi frei?" -
x "Aber sicher,..."
```

3) gekippte Situation

Durch Aufdecken des linken Bildteils wird die Situation um eine Kindergruppe, die im Taxi sitzt, erweitert. Ein 'normaler' Dialogablauf wird jetzt nicht mehr stattfinden (wie bei 2) – in der Bundesrepublik gibt es keine Sammeltaxis, bzw. in der Regel keine Kinder als Fahrgäste. Die Situation muß nun sprachlich "gelöst" werden.

Dialogverlauf z.B.:

```
o "Aber das Taxi ist ja be-
    setzt...?"

x "Das sind meine Kinder...
    Meine Frau ist verreist..."

o "Aber dann zahle ich nicht
    den vollen Fahrpreis..."
```

Die Kinder können sich natürlich auch einmischen!

Deutsch aktiv Neu 1C 1989: 55

47

1.1.3 Vom Detail zum Ganzen II

Arbeit mit "Wimmelbildern":

Bildmaterialien, die nicht schon didaktisch aufbereitet sind, aber ein dichtes Netz an Wortschatz, Tätigkeiten oder Einzelsituationen beinhalten, überfordern in der Regel KT und KL. Zu viele Details "erschlagen" mit visuellen Informationen, es fehlt der rote Faden durch das Bild, es fehlt oft auch die Struktur wie bei "additiver Reihung"...

Das folgende Beispiel "Der Unfall" ist ein Vorschlag zur Strukturierung:

1) Bildmitte mit Papier abdecken
   – Wortfeld Verkehrszeichen und Verkehrsmittel erarbeiten (Ggf. farbig markieren)

Bilder, Wörter, Situationen 1983: 15

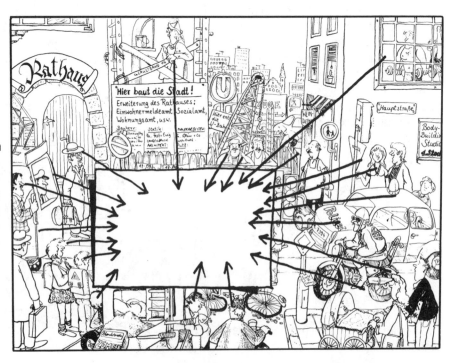

2) Zur Versprachlichung erst mal von allen Personen Pfeile in Blickrichtung ziehen – gehen auf zur Bildmitte (Vorgabe der Rollen). Alle schauen auf den Bildmittelpunkt: Hier ist etwas passiert... Spekulieren, assoziieren möglicher Situationen
   Redemittel vorgeben:
   ("Ich glaube..., Vielleicht..., Vermutlich..." usw.)

3) Was sagen/denken die Leute? Dialoggruppen durch Sprechblasen ergänzen (evtl. numerieren) und in Gruppenarbeit ausfüllen. Ergänzen zu einer Geschichte. Im Plenum vortragen.

4) Bild ganz aufdecken: Unfallsituation (karikiert, ironisiert) Vergleichen mit Dialogen
   – Was sagt der Autofahrer?
   – Wo ist der Radfahrer?

5) Nachbereiten: Aufgaben:
   – Sie sind Polizist, schreiben Sie ein Polizeiprotokoll. (Bericht)
   – Sie sind Zeuge/in Nr...., was haben Sie gesehen? (Vorgang beschreiben)

Vom Detail zum Ganzen III

Ein anderes Mittel um sog. "Wimmelbilder" zu strukturieren, gliedern, didaktisieren, entwickeln, läßt sich mit Hilfe eines Deckblatts im Adventskalenderprinzip herstellen:

Dieser "Schnittmusterbogen" zeigt die Herstellung der

Fenster, die an drei Seiten aufgeschnitten und an der gestrichelten Linie geknickt werden. Das Blatt liegt über der Folie und nur die geöffneten Fenster werden für die KT projiziert. Die Beleuchtung des OHPs läßt aber für die KL das ganze Bild durchscheinen.

Die Geschichte des Bildes kann nun auf verschiedenen Wegen entwickelt werden.

Am besten eignet sich für das erste Kästchen ein neutraler Ausschnitt, der Hinweise auf den Kontext gibt, aber noch nichts von der eigentlichen Situation verrät.

Kästchen 1: Beißzange, Konservendose, Messer, Zwiebel, Assoziation Küche, kochen, Werkstatt? – Zange/Konservendose impliziert einen amateurhaften Umgang mit "Küche"

Kästchen 2: Ein Mädchen rührt Teig, fügt Mehl hinzu, Bestätigung der Vermutung "Küche", erklärt den Amateurstatus (=Kind)

Kästchen 3: Fortsetzung des roten Fadens: Junge schneidet Salami – Kinder helfen in der Küche, Kinder kochen für Eltern vermutlich Pizza. Zwiebeln, Teig, Salami, Dose Tomaten

Genausogut könnten aber auch andere Bildausschnitte gewählt werden. Andere Konstellationen ergeben aber wieder andere Geschichten. Zum Beispiel:

Kästchen 1: wie oben

Kästchen 2: Ratloser Mann. Mimik – ratlos, Kochbuch, Schürze – von der Situation überfordert...

Kästchen 3: Frau mit Koffer und Taxi – wobei offen bleibt, ob sie ankommt, oder wegfährt – interpretiert die Situation:
a) Mann wird von Frau verlassen, muß für sich selber kochen
b) Frau kommt (von Reise zurück), Mann will sie mit Essen überraschen.

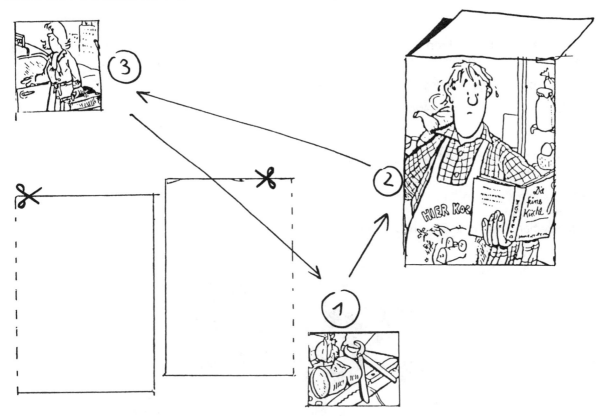

Nach diesem Weg durchs Bild sind die Lerner/innen "in der Küche", das Bild ist durch Ausschnitte entlastet - auch sprachlich vorentlastet.

Jetzt kann die Gesamtsituation aufgedeckt und das Bild erarbeitet werden:

Wörter–Bilder–Situationen 1983: 13

Wortfeld: Küche – Gegenstände und Tätigkeiten, wobei die Gleichzeitigkeit verschiedener Handlungen ein Scheitern des Menüs impliziert....

1.1.4 Overlay

Bei diesem Präsentationsverfahren wird mit mehreren Folien gearbeitet, die übereinander gelegt werden. Die Transparenz der Folien ermöglicht eine (unendliche) Aufbaumöglichkeit von Situationen.

Wichtig ist natürlich, daß die einzelnen Folien standgerecht zum Ganzen passen.

Beispiel: Strichmännchen/weibchen-Wohnung:

Folie 1: Haus auflegen – Keller – EG – 1.Stock – Speicher – Dach – Balkon – usw.
(Wortfeld Haus)

Folie 2: Einrichten mit Möbeln, Gegenständen
(Wortschatz)
beschreiben: Präpositionen – neben, unter, über, etc.

Folie 3: Tätigkeiten

②

③

Figurinen

Figurinen sind kleine, aus Papier oder Pappe ausge-schnittene Figuren, z. B. Werkzeuge, Möbel, Kleidungs-stücke, die auf dem OHP liegen und wie Schattenrisse aussehen.

Mit Figurinen lassen sich eine Fülle von Konstellationen zusammenstellen. Neben der Möglichkeit zur Wort-schatzarbeit mit anschaulichen Mitteln ergeben sich Übungs- und Sprechanlässe.

Geschirr und Küchengeräte können zugeordnet werden: "Was brauche ich alles, wenn ich einen Kuchen backen will?" Genauso könnte auch mit Kleidungsstück-Figurinen nach dem Schema 'Anziehpuppe' verfahren werden, wo-bei die KT einmal die einzelnen Stück zu benennen haben und dann weitere Übungen entwickeln können.

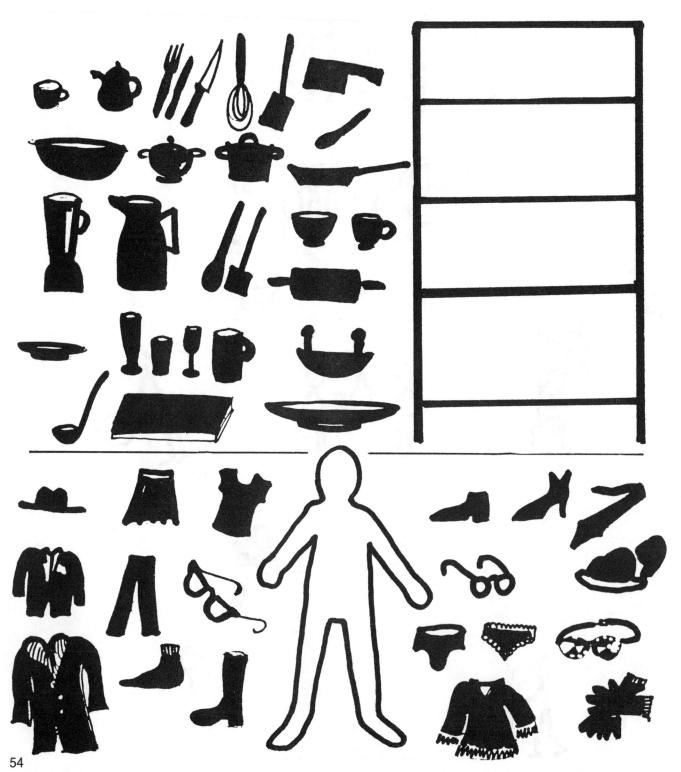

Overlay-Folien eignen sich dann besonders, wenn das Abdecken bestimmter Bildteile zu komplizierte Abdeckformen erfordert, bzw. den Präsentationsablauf zu kompliziert gestaltet.

Cartoons als Ausgangsmaterial eignen sich besonders zur Präsentation von Overlay. Die Prinzipien sind schon in den vorangegangenen Beispielen geschildert: Von ei-

nem neutralen Bildteil ausgehend wird die Situation aufgebaut, wobei oft der Gag, der Witz die Situation "umkippen" läßt: Das Beispiel zeigt, wie durch entsprechendes Auskopieren von Bildteilen ein Bild in Phasen zerlegt werden kann, die dann entsprechende Sprechanlässe bieten.

1.1.5 Das bewegte Bild im Unterricht

Mit einer Folie und einem oder mehreren beweglichen
Bildteilen lassen sich bestimmte Sprechsituationen oder
grammatische Erscheinungen gut erklären und üben.

Zeichnung: Schuckall

So kann z.B. eine Katze auf Folie gezeichnet und mit
einem Streifen aus Pappe als Schiebebegriff verlängert
über ein Bild bewegt werden. Dabei lassen sich die
Wechselpräpositionen in einem Frage-Antwort-Spiel
üben:

```
o Wo ist die Katze?
x Sie liegt vor dem Sofa.
o Wohin läuft die Katze jetzt?
x Sie läuft hinter den Vorhang.
```

Wie das Beispiel zeigt, ist diese Form der OH-Projektion sehr anschaulich und einfach herzustellen:

Auf einem detailreichen Bild (Lehrbuch, Kinderbuch, Cartoon) bewegen wir Silhouetten- oder gezeichnete Figuren. Hier funktioniert das Overlay-Prinzip genauso wie eine Mischform aus Overlay und Schattenspiel. Bewegung dient häufig der Veranschaulichung und bildet besonders anregende Sprechanlässe.

Einfache Beispiele, z.B. Uhrzeiten (Folie mit "beweglichen" Zeigern)

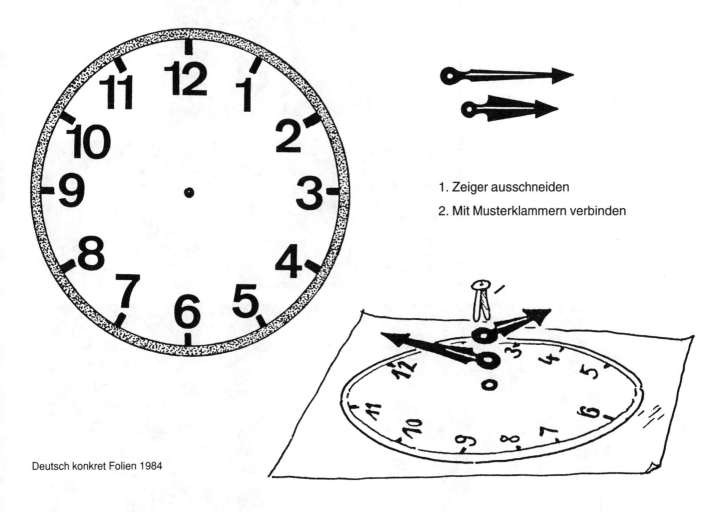

1. Zeiger ausschneiden
2. Mit Musterklammern verbinden

Deutsch konkret Folien 1984

oder "Jahreszeiten": Overlay und Bewegen durch Verschieben der Blätter...

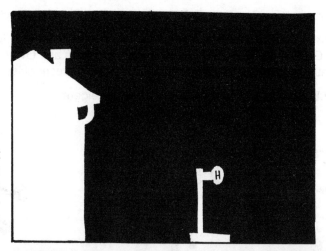

Bewegliche Figuren in Verbindung mit Kulissen können zu kleinen Szenen ausgebaut werden. Die Kulisse wurde aus einer DIN A 4-Pappe ausgeschnitten, reduziert auf die wesentlichen Elemente:

Die Figur (laufender Mann), der Bus, das Auto sind beweglich und werden nach folgendem Szenario über die Kulisse, die auf dem OHP liegt, bewegt:

(nach A. Wright . . . 1976: 68)

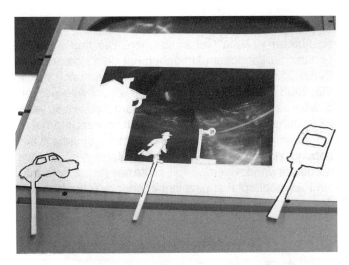

. . . Der Mann kommt aus dem Haus, läuft zur Haltestelle. Der Bus kommt, aber der Mann verpaßt den Bus. Er geht zum Haus zurück, holt sein Auto und fährt zur Arbeit.

Thema: Individualverkehr – öffentliche Verkehrsmittel.

So erscheint die Szenerie auf der Projektionsfläche. Durch Bewegen der Elemente lassen sich die verschiedenen Handlungsabläufe darstellen.

1.1.6 Theater auf dem OHP

Da in manchen Herkunftsländern unserer KT Schattenspiele noch Bestandteil der traditionellen Kultur sind, gibt es natürlich auch die Möglichkeit nicht nur Einzelszenen, sondern auch kleine Theaterstücke für den OHP durch die KT selbst produzieren zu lassen.

Fotos: Schuckall

Die (von Marlene Tamm nach dem Vorbild der türkischen "Karagöz" Schattenfiguren hergestellten) Folienelemente lassen sich mit angeklebten Pappstreifen bewegen.

So erscheint das Schattenspiel auf der Projektionsfläche. Die KT haben sich ein kleines Theaterstück ausgedacht und in Gruppen eingeübt. Nun spielen sie es den anderen vor.

Bei entsprechendem zeitlichen Aufwand können diese Schattenspiele auch "richtig" inszeniert werden. Neben dem gemeinsamen Bauen (d.h. zeichnen und ausschneiden, evtl. mit farbigen Transparentpapieren gestalten)

von Kulissen, Entwerfen von Figuren und Gegenständen, schreiben wir in der Klasse ein Drehbuch, verteilen Rollen, üben die Texte, bis hin zu einer Vorstellung.

1.2 Die Tafel

Sie ist traditionellerweise das visuelle Hauptmedium des Unterrichts. Fast jede/r benutzt sie. In vielen Klassenzimmern gibt es außer ihr keine andere Vermittlungsmöglichkeit für Visuelles. Die Tafel ermöglicht das spontane Eingehen auf Bedürfnisse, das direkte Umsetzen von Fragen in Erklärungen, wenn verbale Erklärungen nicht ausreichen. Sie ist daher ein besonders kreatives und anregendes Unterrichtsmedium, wenn man geschickt mit ihm umzugehen weiß. Tafelbilder sind allerdings oft ziemlich chaotische Zufallsprodukte, die entstehen, während KL den KT den Rücken zuwendet und sein entstehendes Werk verdeckt. So entstehen für die KT schwer durch-

schaubare visuelle Geheimzeichen. Die große Fläche verführt zu sorglosem Umgehen mit dem vorhandenen Platz. Oft merkt man zu spät, daß die Tafel schon voll ist. Man muß gerade Aufgeschriebenes wieder wegwischen, obwohl es für den Fortgang des Unterrichts wichtig wäre. Es ist daher wichtig, Tafelbilder schon bei der Unterrichtsvorbereitung zu planen und sich nicht auf spontane Eingebung zu verlassen. Was länger stehenbleiben, evtl. wiederverwendet werden soll, sollte besser auf Folie oder ein Packpapierplakat gezeichnet oder geschrieben werden. Man kann die Tafelfläche einteilen, z.B. so:

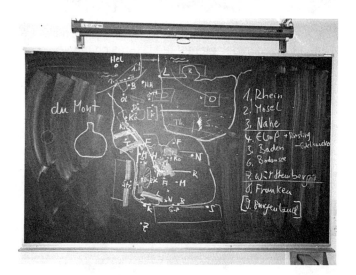

Wer seine unleserliche Schreibschrift verbessern will, kann den kleinen Finger als Stütze benutzen, um die Linie zu halten und weniger zittrig zu schreiben.

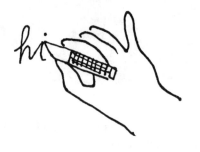

Wenn Tafelbilder das Lernen unterstützen sollen, müssen sie optisch gut aufgebaut sein.

1.3 Plakate

Wenn man im Unterricht keinen OHP benutzen kann, leisten Plakate aus Pack- oder Makulaturpapier gute Dienste. (Makulaturpapier bekommt man billig oder umsonst bei Druckereien). Plakate können zuhause vorbereitet werden und eignen sich daher gut für planmäßige Darstellungen des Lehrstoffs. Die große Darstellungsfläche ermöglicht eine gute Lesbarkeit für die ganze Lernergruppe.

Plakate sind ausgezeichnete Bildträger. Auf ihnen lassen sich z.B. große Spielfelder herstellen oder Wohnungsgrundrisse, die mit Einrichtungsbildkärtchen gefüllt werden können.

Foto: Schuckall

Plakate sind gute Erinnerungshilfen für erarbeiteten Lehrstoff. Man kann solche "Strukturtafeln" im Unterrichtsraum aufhängen, um die KT bei der Selbstkorrektur zu unterstützen.

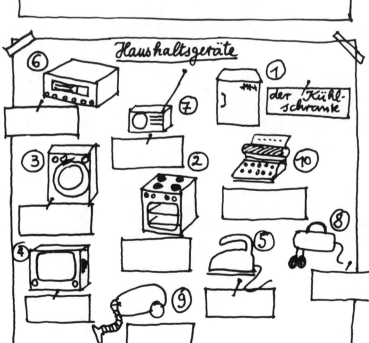

Bildplakate eignen sich besonders gut für die Wortschatzarbeit . Die Gegenstände werden benannt, und die Begriffe auf Kärtchen geschrieben, die den betreffenden Geräten zugeordnet und angepinnt werden. Anschliessend werden die Kärtchen umgedreht und die Gegenstände aus dem Gedächtnis benannt.

Übertragen eines Folienbilds auf Plakat

Mit Hilfe des OHP lassen sich große Bildplakate herstellen, indem das Bild auf das Plakat projiziert und die Umrisse nachgezeichnet werden. Dies ist besonders günstig für intensive Wortschatzarbeit im Anfängerunterricht. Im Beispiel rechts können den verschiedenen Körperteilen Begriffskärtchen zugeordnet werden, die von den KT selbst beschriftet werden.

Deutsch hier: LHR 1983: 59

Deutsch konkret Fundgrube1 1989: 24

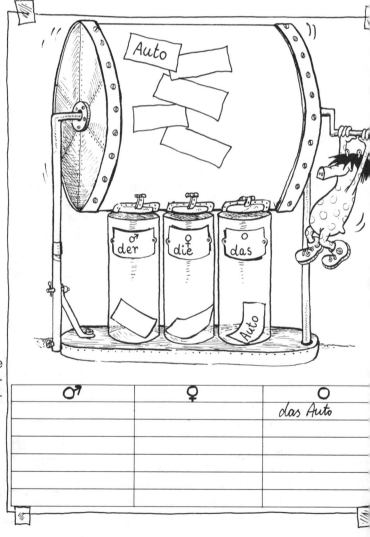

Die 'Artikel-Lotterie-Trommel' wurde nach einer Vorlage aus einem Lehrbuch über den OHP als Plakat nachgezeichnet. Damit läßt sich jeder im Unterricht neu erarbeitete Wortschatz 'einfüllen'.

1.4 Kopien

Die einfachste Möglichkeit, Bilder zu präsentieren, ist das Herstellen von Kopien, die an die KT verteilt werden. Es genügt meist, wenn 3 oder 4 KT eine Kopie bekommen. Dieses Vorgehen ist z.B. sinnvoll, wenn man ein Lehrbuchbild verwenden will und die Aufmerksamkeit zunächst auf dieses und noch nicht auf den folgenden Stoff konzentrieren will. Wenn vermieden werden soll, das Bild als Ganzes zu vermitteln, kann es in Segmente zerschnitten werden.

Die Bildsegmente werden an Kleingruppen verteilt, so daß jede Gruppe nur einen Teil des Ganzen sieht. Die Gruppen sehen sich ihren Ausschnitt genau an und teilen dann den anderen mit, was ihr Ausschnitt enthält. So wird nach und nach der Bildinhalt sprachlich aufgebaut und es bleibt bis zum Schluß spannend, ob die innere Bildvorstellung, die dabei entsteht, dem Originalbild entspricht. Dabei sollte das Bildsegment, das die Pointe oder die Auflösung enthält, möglichst lange zurückgehalten werden.

Foto: Schuckall

2 Weitere Formen der Bildverwendung

2.1 Bildgeschichten

"Die Bildgeschichte ist per se didaktisch, d.h. sie ist auf Vermittlung angelegt, verlangt den Betrachter/Leser, für den sie ein Angebot ist. Sie birgt eine komplexe Aussage, die – unterschiedlich gewichtet – auf Information, Unterhaltung, Genuß, Belehrung, Verhaltenserziehung, Aufklärung ect. zielen kann."

Grünewald 1989: 137

steht auf

Bildgeschichten verlangen vom Betrachter eine aktive Rezeption: Nicht nur das Einzelbild wird betrachtet, sondern auch die 'Leerstellen' zwischen den Bildern. Es muß kombiniert, weitergesehen und überlegt werden, was folgen könnte.

Zeit, Bewegung, Handlung, Kontext werden über reduzierte Bildzitate ergänzt – immer basierend auf dem Rezeptionsvermögen des Betrachters, also seiner Sehgewohnheiten im Umgang mit Bildern, seiner Phantasie, seiner eigenen Erfahrungen. Das Gesehene wird lebendig.

geht ins Bad
und wäscht sich

zieht sich an

Deutsch konkret Fundgrube I, 1989: 139

63

D. Grünewald unterscheidet zwischen "enger" und "weiter" Bildfolge:

"Erstere entwickelt das Geschehen in kleinen, zeitlich dicht aufeinanderfolgenden Handlungsschritten...letztere präsentiert ausgewählte, prägnante Szenen, die für sich relativ komplex und umfassend sind und in der Folge zeitlich große Abstände aufweisen können".

Deutsch aktiv Neu IA 1987: 55

Verpuzzeln von Bildgeschichten

Die KT erhalten die kopierten und auseinandergeschnittenen Teile der Bildgeschichte und sollen diese Teile nun in eine plausibel erscheinende Ordnung bringen. Dabei entstehen meist ganz verschiedene Abläufe, die verglichen und besprochen werden können.

DVV Blasengeschichten 1978: 67

Eine Variante: Die KT erhalten nur das erste und das letzte Bild der Bildgeschichte und überlegen, was dazwischen passiert. Oder: die Geschichte wird Bild für Bild besprochen, aber das letzte Bild wird nicht gezeigt. Wie geht die Geschichte aus?

Sehr einfach lassen sich stringent ablaufende Bildgeschichten "umbauen", indem das letzte Bild an den Anfang gestellt wird. Es ergibt sich sofort eine neue Erzählstruktur, indem die Bildfolge rekonstruiert, d.h. in der Vergangenheitsform erzählt wird.

Rekonstruktion

Die Bildleiste rechts zeigt den wirklichen Ablauf des Arbeitstages von Herrn Rasch, der seinem Chef eine ganz andere Geschichte erzählt. Widersprüchliche Informationen lösen Sprache aus. Für europäische Lerner ist es sehr motivierend, die Lügengeschichte von Herrn Rasch Punkt für Punkt zu widerlegen. Man kann so etwas nicht unkommentiert stehen lassen. Für Angehörige anderer Kulturen kann bereits der Übungstyp Befremden auslösen. Auch die Ironie und die leichte Frivolität der erotischen Anspielungen werden nicht von allen verstanden.

Was hat Herr Rasch den ganzen Vormittag gemacht?

○ Ja, da sind Sie ja endlich, Herr Rasch! Wo sind Sie denn den ganzen Morgen gewesen? — Ich habe Sie heute morgen um 9 Uhr zur Firma Meinke geschickt, und jetzt ist es Viertel nach zwei!

● Ja . . . . . , also . . . . . ich bin mit dem Wagen zur Firma Meinke gefahren. Da war viel Verkehr.

Ich war erst um 10.00 Uhr da. Dann habe ich eine halbe Stunde auf Herrn Meinke gewartet.

Ich habe bis halb zwei mit Herrn Meinke gesprochen.

Dann habe ich schnell zu Mittag gegessen und bin direkt ins Büro zurückgefahren.

①

②

③

④

⑤

Ich habe	geschickt. gewartet. gesprochen. gegessen. "Auf Wiedersehen" gesagt.
Er hat	gebracht. geflirtet. getrunken.
Ich bin	gefahren. zurückgefahren.
Wo sind Sie haben Sie	gewesen? gegessen?

Deutsch Aktiv 1 1979: 113

2.2 Die freie mündliche Äußerung

Hier ist grafisch angedeutet, wie eine freie Äußerung funktioniert: verschiedene Betrachter/innen eines Bilds äußern ihre Assoziationen. Es wäre aufgesetzt, diese Beiträge sofort in eine didaktische Richtung zu steuern. Gerade die individuellen Sehweisen sind interessant und können den Unterricht jenseits des Lehrplans anregend machen.

Eine freie mündliche Äußerung kann aus einem Wort bestehen oder komplexer sein. Jeder KT steuert bei, was sie/er denkt und ausdrücken kann. KL korrigieren nur behutsam Unverständliches oder besonders gravierende Fehler. Die KL können durch kurze Zwischenfragen das Interesse auf bestimmte Punkte lenken.

Auch zur Einschätzung des Sprachstands ist die Phase der freien Äußerung wichtig. Die KL erfahren etwas über das Vorwissen der KT, die ja nicht nur im Unterricht dazulernen.

Lehrbuchbilder haben für die freie Äußerung den Nachteil, daß sie meist schon bekannt sind, da die KT ja das Buch in der Hand haben, das Bild bereits als Ganzes kennen und es meist auch schon mit dem Lernziel oben auf der Seite koppeln. Dadurch geht ein großer Teil der motivierenden Wirkung verloren.

Wichtig für die freie oder schriftliche Äußerung: das Bild illustriert nicht nur, sondern geht über den Text hinaus,

Deutsch hier LHR 1983: 23

d.h. es bietet Raum für Beschreibungen und Interpretationen. Das Dialogmuster ist nur eine von vielen möglichen Formen, in denen das Gespräch ablaufen kann, selbst in einer so alltäglich-konventionalisierten Situation wie "im Lebensmittelgeschäft".

Beim Einkaufen

Dienstagvormittag. Frau Busch geht einkaufen.

- Guten Morgen!
- Guten Morgen, Frau Busch! Bitte schön? Was darf es sein?
- Ich möchte ein Pfund Tomaten, eine Gurke, ... und ein Kilo Äpfel, ... ein Pfund Kaffee, ... ein Pfund Würfelzucker, ... zwei Dosen Milch ...
- Brauchen Sie sonst noch etwas?
- Ja, noch ein Päckchen Salz, ... sechs Eier und ... eine Tafel Nußschokolade.
- Ist das alles?
- Ja, danke, das ist alles.
- Danke!

Deutsch x 3, 1974: 18

○ .....
○ Nein, heute nicht.
○ Ja, hier.
○ Die oder die?
○ Alles?
○ 44 Mark 20 alles zusammen.
○ 44 Mark 20!

● Haben Sie Oliven?
● Tomaten?
● Ein Kilo, bitte.
● Die hier.
● Ja, danke.
● Wie bitte?
● .....

Deutsch hier, 1983: 25

2.3 Dialogarbeit mit Bildern

Zur Einführung einer Sprechintention (sich nach einer Person erkundigen) und einer Grammatikstruktur (indirekte Fragesätze) soll ein Bild die Sprechsituation veranschaulichen und eine Vorerwartung auf das Folgende schaffen.

Zunächst werden nur die beiden Köpfe gezeigt. Beim Aufdecken stellt sich ein Überraschungseffekt ein: der junge Mann im Bademantel ist wohl gerade erst aufgestanden. Er wohnt, wie das Türschild zeigt, in einer WG. Die Schienen der Normalität werden verlassen – so etwas merkt man sich besser.

Im nächsten Unterrichtsschritt wird der Dialog optisch als Lückentext oder Lückenplakat präsentiert. Die KT sollen die passenden Fragewörter einsetzen und den Dialog mit verteilten Rollen lesen. Wenn man die Fragewörter auf Kärtchen schreibt, den Lückendialog auf ein Plakat, dann können die KT gemeinsam die Kärtchen in die entsprechenden Lücken legen. Dreht man die Kärtchen um, müssen die Fragewörter aus dem Kopf ergänzt werden.

Deutsch aktiv 2, 1980: 32

o Kann ich Herrn Unseld sprechen?

x Der ist verreist.

o Verreist??? Wissen Sie denn ....
er gefahren ist?

x Ich glaube nach Griechenland, aber ich bin nicht sicher.

o Hat er Ihnen denn nicht gesagt, ...
er fährt?

x Doch, aber ich habe es vergessen.........

o Wissen Sie, ... er allein unterwegs ist?

x Nein, aber ich glaube mit einem Freund.

o Sagen Sie, ... ist er denn verreist?

x Seit zwei Tagen.

o Und wissen Sie ..... er zurückkommt?

x Er hat nichts gesagt.

o Sagen Sie ihm bitte, daß ich hier war und daß er mich anrufen soll. Mein Name ist Binder.

Eine weitere Steigerung der Schwierigkeit: der Dialog ist nun als "Klettergerüst" (visuelles Textschema) an die Tafel skizziert. Die KT rekonstruieren den Dialog aus dem Gedächtnis.

Dabei können auch kleine Varianten im Dialogablauf angeregt werden.

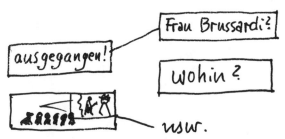

2.4 Freies Vertexten von Bildern

Der große Vorteil von selbstausgewählten Bildern, zu denen KT ihre eigenen Texte schreiben, ist, daß auf diese Weise Unterricht auch ohne Lehrbücher möglich ist. Beim freien Versprachlichen von Bildern stehen nicht bestimmte Lernziele im Zentrum. Es ist nicht vorher planbar, was KT zu einem Bild wie diesem einfällt. Wir haben es ausgewählt, weil es offen, merkwürdig, vielschichtig ist. Jeder hat dazu eigene Ideen und Assoziationen. Die dabei entstehenden freien Texte oder Äußerungen sind pragmatischer und idiomatischer als Lernziel-orientierte Texte, sie orientieren sich eher am alltäglichen Sprach-gebrauch und an den Ausdrucksmöglichkeiten des "Autors" als an Korrektheitsnormen.

Bilder werden von den KL häufig nur unter dem Gesichtspunkt des Lernstoffs ausgewählt. Sie sollen die KT zu bestimmten Äußerungen führen. Eine zu starke Steuerung und damit Einengung der Bildwahrnehmung führt leicht zu der Frage bei KT, warum sie zu einem Bild, das sie wenig interessiert, etwas sagen/schreiben sollen oder warum sie zu einem Bild, das sie interessiert, nur etwas von den KL Vorgesehenes äußern sollen.

Foto: dpa/Felix

Es gibt ein Land auf dieser Erde. Das Land ist sehr schö schön. Ich bin dort gewesen. Alles ist normal, aber es gibt eine besondere Gewohnheit. Ich muß Sie warnen, bevor ich mehr sage. Ok ich sage: Die Leute dort brauchen Autos. Aber es gibt kein Autogeschäft. Wie und wo sollen die Leute Auto kaufen? Es gibt ein Fest dort. Alle neuen Autos liegen in einem großen Loch. Dieses Loch ist wie ein See ohne Wasser. Die Leute stehen an dem Loch mit einer Angel. Diese Leute angeln nach Autos. Alles Leute haben ein Glück. Einige Leute bekommen kein Auto. Einige Leute angeln ein Auto. Wenige Leute angeln zwei oder drei Autos. Drei Autos ist der Rekord. Das Autos, das ein man angelt gehört ihm (- wie beim Fischen) Sie glauben mir nicht? Sehen Sie das photo. Dieses ist dieses Jahr der Champion mit seiner Angel und drei Autos. Der Mann ist stolz auf seine Beute.
Durch diese methode wird der verkehr kontrolliert.

Offene Bilder wie dieses sollten also nicht lediglich für ein vorab festgelegtes Lernziel verwendet werden. Aus der Beschäftigung mit ihnen ergibt sich allerdings sozusagen "nebenbei" die Möglichkeit oder Notwendigkeit, bestimmte Redemittel einzuführen und den zur Beschreibung erforderlichen Wortschatz bereitzustellen.

Würde man dieses Foto einsetzen, um damit lediglich z.B. die Relativsätze zu üben, so ließen sich zwar einige Beschreibungsmuster damit einführen:

```
Das ist eine Frau, die
- es eilig hat.
- auf dem Markt eingekauft hat.
- eine Tasche in der Hand hält.
- einen hellen Mantel trägt.
```

Foto: Rohrer

Auf dieses Lernziel reduziert, wäre das Bild jedoch mit wenigen Worten und Sätzen beschrieben, ausgewertet und damit uninteressant. Aber gerade die weniger offensichtlichen Bildelemente wären die interessanten, die Phantasie anregenden, zu lernereigenen freien Texten führenden.

Ein möglicher Unterrichtsverlauf

1. Das Bild zeigen (über OHP oder als Kopie) – Wer ist die Frau wohl? Warum hat sie es so eilig? Wo ist das? Woher kommt sie? Wohin geht sie? Wie schaut sie/wie sieht ihr Gesicht aus? Warum ist sie so ernst? usw.

2. Wortschatz und Redemittel erarbeiten.

3. Schriftliches Beschreiben des Bilds in Partner- oder Gruppenarbeit. Hierfür können die KT entweder selbst Fragen an das Bild stellen oder die Fragen aus 1. aufnehmen.

4. Vorstellen der Arbeitsgruppenergebnisse in der Gesamtgruppe. Vergleich und Diskussion der entstandenen Texte in Hinblick auf Wahrscheinlichkeit, Originalität, sprachliche Richtigkeit.

Wie kommt der Mann in den Schrank? oder: Bilder erzählen viele Geschichten

Besonders geeignet für das freie Vertexten sind komplex angelegte Bilder. In Cartoons (z.B. von Sempé) werden häufig durch Überspitzung vielschichtige Zusammenhänge auf den Punkt gebracht.

Das Besondere an diesem Cartoon ist, daß die Pointe keineswegs die Auflösung darstellt, sondern weitere Fragen auslöst. Wir haben im Unterricht das Bild in Teile zerschnitten und die Segmente in Briefumschläge gesteckt. Die Klasse wurde in sechs Gruppen geteilt, jede Gruppe bekam einen Umschlag mit der Bitte, den Inhalt nur innerhalb der Gruppe zur Kenntnis zu nehmen. Nach einigen Minuten Bildstudium begann Gruppe 1 zu berichten, was ihr Bildausschnitt enthielt:

Sempé

Ein Schlafzimmer in einem Schloß.
Sehr feudal...

Eine Putzfrau. Sie macht gerade sauber. Sie schaut nach hinten...

Stuhlreihen, also kein Schloß...

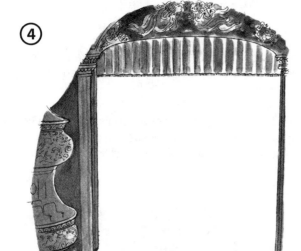

Loge, Vorhang, Souffleurkasten: aha, in der Oper oder im Theater...

Noch eine Putzfrau. Sie ist erschrocken. Es muß etwas Schreckliches passiert sein.

Während die letzte Gruppe ihren Bildausschnitt erklärt, ergänzen die anderen Gruppen ihre noch unvollständigen visuellen Vorstellungen. Nun muß die Neugierde auf das Original befriedigt und das Bildpuzzle zusammengesetzt werden.

Offen bleibt aber immer noch die Vorgeschichte und hier beginnt unweigerlich eine kriminalistische Spekulation darüber, wie der Mann in den Schrank gekommen ist. Es gibt keine "richtige" Lösung, aber wahrscheinlich viele Ideen und Lösungsvorschläge, die in Partner- oder Gruppenarbeit zusammengetragen, aufgeschrieben und anschließend ausgetauscht werden können.

Die Aufgabenstellung und vor allem die Ergebnisse beim freien Text hängen nätürlich vom Sprachstand der KT ab, jedoch kann im Prinzip das gleiche Bild von der Grundstufe bis hin zur höchsten Fortgeschrittenenstufe eingesetzt werden und behält dennoch seine Wirkung.

Ergebnisse von Partner- oder Gruppenarbeit sollten immer der Großgruppe vorgestellt und gemeinsam besprochen werden. Wenn dieser Austausch nur mündlich geschieht, bekommt nicht jeder alles mit. Gerade die Feinheiten, die zu weiterer Aueinandersetzung anregen, gehen verloren. Günstig ist daher neben der akustischen die visuelle Präsentation. Wenn die Arbeitsergebnisse z.B. auf einem großen Packpapierplakat fixiert sind, können diese für alle sichtbar aufgehängt werden. So ist es leichter, die Arbeit jeder Gruppe inhaltlich und sprachlich zu würdigen. Die Texte sind für alle präsent und werden zum gemeinsamen Lerngegenstand.

Mit lernereigenen Texten lassen sich ganze lehrbuchunabhängige Unterrichtssequenzen aufbauen:
- Noch während die KT an ihren Texten arbeiten (oder in der Pause) können die KL herumgehen und einzelne Passagen notieren und daraus einen Lückentext erstellen, in dem eine bestimmte grammatische Schwierigkeit auftritt.
- Lernertexte, die noch Fehler enthalten, können zur gemeinsamen Sprachbetrachtung und Fehlerkorrektur dienen.
- Aus den verschiedenen Lernertexten kann ein Mustertext zusammengestellt werden, in dem sich alle Autoren wiedererkennen. Dieser Text kann als Grundlage für Diktate, dialogische Übungen, Rollenspiele, Leseübungen dienen.
- Lernereigene Texte können gesammelt und als Textmappe oder Kurszeitung gestaltet werden.
- Dialogische Lernertexte können (von Muttersprachlern) auf Band gesprochen werden und zur phonetischen Korrektur dienen.

2.5 Fehleranalyse, Sprachstandsbestimmung und Fehlertherapie

Freie mündliche und schriftliche Texte sind notwendigerweise noch fehlerhaft, sie spiegeln den Sprachstand der KT wider und können den KL wichtige Hinweise für den weiteren Unterricht geben: welche Wiederholungen sind notwendig, welche Fehler sind besonders gravierend? Daraus lassen sich Rückschlüsse für eine lerngruppenbezogene Progression ziehen.

Mögliches Vorgehen im Unterricht

a) Auswahl eines geeigneten Bildes

Deutsch aktiv 2, 1980: 55

Diese Situationszeichnung ist wegen ihrer Offenheit und Komplexität als Grundlage für freies mündliches und schriftliches Vertexten sehr anregend. Aus der Situation ergeben sich die verschiedensten Fragen: Wie kam es zu dem Unfall? Welche Kommentare geben die Zuschauer? Wer ist der Mann mit der Aktentasche? usw.

b) Präsentieren des Bilds (z.B. über den OHP)

Freie mündliche Äußerung der Lerner.

c) Schriftliches Vertexten des Bilds

Ausnahmsweise sollen die KT diesmal nicht mit anderen zusammenarbeiten, sondern einen individuellen Text schreiben. Man sollte der Gruppe vorher mitteilen, was man mit den Texten vorhat und daß man sie mit nach Hause nehmen und dort ansehen soll. Jede/r KT bekommt eine Bildkopie und den Auftrag, das Bild möglichst genau und ausführlich zu beschreiben.

In einem Sprachkurs für türkische Jugendliche war die Aufgabe, einen Zeitungsbericht über den Unfall zu schreiben. Die Jugendlichen besuchten den Sprachkurs seit etwa einem Jahr und bekamen 4 Stunden Deutschunterricht pro Woche. Sie besuchten eine muttersprachliche Hauptschulklasse und lebten seit 3–4 Jahren in der Bundesrepublik.

Münchner Zeitung

UNFALL AN DER BURGSTRASSE - STEINGASSE

Der Unfall ist in der Burgstrasse/Steingasse pasiert. Der Steingasse ist eine Seitenstraße. Der Radfahrer hat eilig sagan die das Unfall gesehen haben. Aber der Radfahrer hat keine Vohrfahrt gehabt. In der Burgstraße kommt eine Auto er fährt auch schneller aber er hat schon Vohfahrt. Die zwei Tanzeuge sind schneller. An der stelle wo die Seiter Straße ist passiert der leichte Unfall Es gibt keine schwer verletzt.

Die Zeuge sagan das der Radfahrer ganze Schuld hat. ~~Wir haben noch~~ ~~da~~ Es gibt 4 zeuge die das Unfall geseh haben. Der Autofahr ist sehr wütend. Auch der Schuldner ist wütend. Wir wissen jetzt auch das der Radfahrer schuld hat.

Demet

Münchner Zeitung Jedat

UNFALL DES STEINGASSE STRABES !
Ich habe zu erst den lauter, bremsen gehört. Dann kam ich dort und habe ich den Radfahrer auf der Straße gelegen gesehen. Der Auto fahrer war schimpflich. Da waren die Leute auf der Straße. Die schauen sich den Radfahrer an. Als ich gesehen hätte war der Radfahrer selber schuld, weil auf dem schild steht, daß die Straße zum Auto gehört und der radfahrer mußte warten. Der Radfahrer glaube ich war schuld. Dann hat jemand angerufen dann war der Polizei Dort.

d) Analyse und Gewichtung der Fehler

Welche Fehler treten besonder häufig auf? Welche sind besonders gravierend? Welche sind auf dieser Stufe des Spracherwerbs bereits behandelbar?

e) „Therapie", d.h. Konsequenzen für den Unterricht.

Für unsere Zielgruppe entschieden wir uns dafür, in den folgenden Stunden das genaue Beschreiben von Vorgängen zu üben. Die KT sollten dazu gebracht werden, sich einfacher auszudrücken. Dazu entwickelten wir folgende Übungen:

1. **Selbstkorrektur:** Die Fehlertexte wurden kopiert. Einige Beispiele aus den Lernertexten wurden über den OHP projiziert und von der Lernergruppe gemeinsam korrigiert.

2. **Textschlange:** Aus den verschiedenen Lernertexten haben wir einen Mustertext erstellt und ihn ohne Wort- und Satzgrenzen getippt und kopiert. Die KT sollten nun zuerst Wort-und Satzgrenzen markieren und sich dann in Partnerarbeit gegenseitig den Text diktieren (Partnerdiktat) und anschließend wechselseitig korrigieren.

3. **Beschreiben der Bilddetails:** Das Ausgangsbild wurde in seine einzelnen Bestandteile zerschnitten, so daß jedes Segment eine kleine Beschreibungseinheit darstellte.

4. **Arbeitsblatt.** Was sagen die Leute?

   Was denken die Leute?

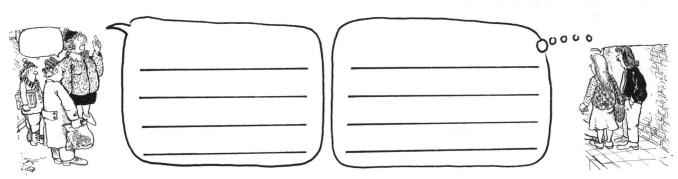

5. **Was passiert nach dem Unfall?** Die KT können mögliche weitere Handlungen, Abläufe, Aktionen zeichnen und beschreiben.

6. **Unfallprotokoll.** Die KT übernehmen die Rolle einzelner Augenzeugen, die das Geschehen aus verschiedenen Perspektiven verfolgt haben. Erzählzeit ist das Perfekt.

7. **Schriftliches Unfallprotokoll.** Die KT fertigen eine Unfallskizze an und schreiben einen Bericht (Reportage, Polizeiprotokoll). Überwiegende Zeitform ist das Präteritum.

2.6 Spielen und Üben mit Bildern

Eine strenge Abgrenzung zwischen Spiel, Spielübung und Übung soll hier nicht vorgenommen werden. Wir verwenden den Begriff Spiel als Synonym für eine bestimmte Interaktionsweise (Eine Unterrichtsaktivität ist dann ein Spiel, wenn alle Beteiligten ihre Tätigkeit als solches definieren), den Begriff Übung als Synonym für eine bestimmte Arbeitstechnik im Unterricht, wobei die Übergänge fließend sind. Es kommt vor, daß eine als Spiel angekündigte Aktivität als Formalübung abläuft, und daß eine Übung unversehens spielerischen Charakter bekommt. Als Spiele werden hier Formen des Übens zusammengefaßt, die das Sprachlernen mit spielerischen Mitteln bezwecken, also Lern- oder didaktische Spiele.

2.6.1 Spielen mit Bildern

Eine wichtige Voraussetzung für das Gelingen eines Spiels ist, daß alle KT die Spielregel verstanden haben.

Möglichkeiten anschaulicher Spielregelerklärung:

Im Anfangsunterricht sind verbale Spielerklärungen meist zu kompliziert.

Perfekt-Memory

- KL spielt das Spiel mit einem oder mehreren vorher eingeweihten KT vor.
- KT erarbeiten die Spielregel selbst (nach schriftlicher und/oder visueller Vorgabe).

Stille Post

- Die Spielregel wird bildlich vermittelt.

Deutsch hier Arbeitsbuch 1985: 81

Würfel - und Brettspiele

Würfel- und Brettspiele sind "echte" Spiele. Sie sind vorwiegend thematisch orientiert und aktivieren Wortschatz. Sie lassen sich aber auch auf das spielerische Üben von Strukturen hin anlegen. Dieses Brettspiel zum Üben der Konjugation zeigt, daß sich bereits im Anfangsunterricht ein intensiver Übungseffekt mit einfachen Mitteln spielerisch

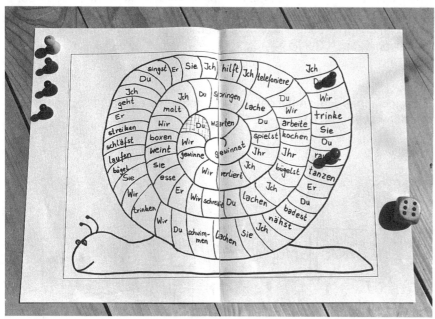

erzielen läßt. Jede/r Teilnehmer/in der Spielgruppe erhält 2 gleichfarbige Spielfiguren. Der 1. Spieler beginnt zu würfeln und setzt seine 1. Figur auf das gewürfelte Feld. Beim zweiten Würfeln hängt es vom Zufall ab, ob die zweite Spielfigur auf ein konjugationsgerechtes Feld kommt. Ist die gewürfelte Konstellation grammatisch richtig, darf weitergewürfelt werden, wenn nicht, wird die zweite Spielfigur wieder vom Feld genommen und der nächste Spieler ist dran. Gewonnen hat, wer als erster die Felder

| Ich | gewinne | besetzt.

Spielvorlage aus Gadatsch 1985: 44/45   Fotos: Schuckall

Selbst hergestellte Brett-Spiele

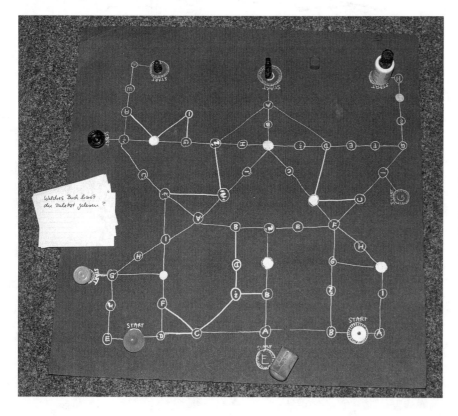

Jede/r Mitspieler/in hat eine Spielfigur und einen Kennbuchstaben. Wenn man mit seiner Spielfigur z.B. auf das Feld "G" kommt, zieht man ein Fragekärtchen und stellt die darauf notierte Frage an Mitspieler "G". Bei den weißen Ereignisfeldern soll man sich selbst eine Frage ausdenken und diese an einen Mitspieler seiner Wahl stellen. Die Fragekärtchen können vorgegeben oder selbst beschriftet werden. Es können Fragen persönlicher Art sein (z.B: Welches Buch hast du zuletzt gelesen?) oder sachliche Fragen (Wie heißt der Fluß, der durch Bonn fließt?).

Bei diesem Brettspiel soll die Situation "Paß verloren" in den verschiedenen bürokratischen Stationen, wie sie eine Ausländerin erleben könnte, nachvollzogen werden.

Die KT haben die Spielregeln selbst festgelegt und die Handlungskarten nach dem Modell einiger vorgegebenen Karten selbst formuliert:

Vorlage in: Deutsch hier Arbeitsbuch 1985: 88/89

Partner-Spiele

Bei dieser Spielform hat Spieler A Informationen, die Spieler B nachzuvollziehen versucht. Spieler A beschreibt z.B. ein Bild, das Spieler B in eine dem Original nahekommende zeichnerische Darstellung umzusetzen versucht. Ob ihm dies gelingt oder nicht, hängt davon ab, wie genau die sprachliche Beschreibung von A ist.

Auf dem Foto zeichnet B nach Anweisung von A auf ein Blatt Papier. Soll die ganze Lernergruppe den Prozeß des Erklärens und Zeichnens verfolgen, zeichnet B am OHP oder an der Tafel.

Foto: Weiß

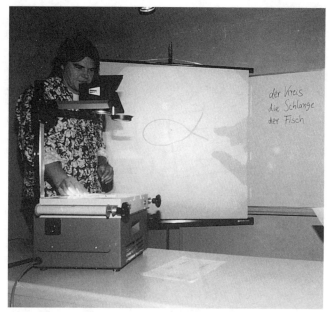

Foto: Weiß

Ein visuelles Diktat am OHP. Spieler A steht am Projektor und legt ein Stück Schnur nach Anweisungen der Lernergruppe in bestimmte Figuren, z.B.

- bitte mache eine Spirale

  eine Acht

  einen Kreis

  einen Fisch

  eine Schnecke

  eine Schlange

  eine gerade Linie

  usw.

Foto: Weiß

Montagsmaler

Die Klasse wird in zwei gleich große Gruppen geteilt. Jede Gruppe schreibt auf Kärtchen Begriffe. Wichtig ist, daß die andere Gruppe nicht mitbekommt, welche. Nun wird in Gruppe A ein/e Spieler/in bestimmt, der/die das erste Kärtchen von Gruppe B zieht. Es geht nun darum, an der Tafel oder am OHP den Begriff so zu zeichnen, daß die eigene Gruppe ihn errät und zwar innerhalb einer vereinbarten Zeit. Gelingt es, hat die betreffende Gruppe einen Punkt.

Flaschendrehen

Diese Spiel-Übung eignet sich für viele verschiedene Lernziele (Anweisungen/Imperativ/Wunsch; Warum-Weil-Sätze usw.)

Bei dieser Spielvorlage geht es um die Wechselpräpositionen. Die KT sitzen im Kreis um das Spielplakat. Der KL beginnt die Flasche zu drehen und fragt gleichzeitig nach dem Muster:

```
Wohin gehst du?
Woher kommst du?
Wo warst du?
Wohin fährst du?
```

Sobald die Flasche zum Stehen gekommen ist, antwortet der/die Befragte entsprechend dem Pictogramm, auf das die Flasche zeigt, z.B.

```
"Ich komme aus dem Theater".
```

Bei diesem Partner-Spiel sollen Unterschiede zwischen den scheinbar identischen Bildern herausgefunden werden. Jeder Spielpartner bekommt ein Bild, das er dem Partner nicht zeigen soll. Die Spieler beschreiben sich nun die Bilder gegenseitig und versuchen dabei die Unterschiede herauszufinden. Zum Schluß werden die Bilder nebeneinandergelegt und verglichen Gibt es noch weitere Unterschiede?

Auf Stadtplan A ist	der	*Briefkasten*	neben dem	*Schwimmbad*
	die	_____	neben der	_____
	das	_____	auf dem	_____

Deutsch konkret Fundgrube I 1989: 165

Dominospiele

Material: Domino-Karten (s. Beispiele)

Verlauf: Die Teilnehmer erhalten einen vollständigen Satz Domino-Karten.

Sie sollen die Karten so anlegen, daß sich immer Passendes berührt. Sie können die Karten zunächst in einer geraden Reihe auslegen und erst danach, um die erste und letzte Karte zusammenzufügen, diese Reihe zu einer runden oder rechteckigen Figur verschieben. Der Kartentext wird dann vorgelesen.

Ist in der Gruppe ein Wettbewerb möglich, so können – nach dem ersten Durchgang in aller Ruhe – in einem zweiten Durchgang die Karten im Wettbewerb ausgelegt werden. Welche Gruppe ist am schnellsten?

Die Karten können auch gelegentlich Einzelspielern anvertraut werden, die schon weiter sind oder die etwas nach- oder wiederholen wollen.

Memories

Jede Spielgruppe bekommt einen Satz Bilder und Begriffe. Bilder und Begriffe werden getrennt gelegt und zwar so, daß beides verdeckt ist. Der erste Spieler deckt ein Kärtchen seiner Wahl auf, z.B. das Bild "Gitarre". Nun deckt er ein Kärtchen aus dem Fundus der Begriffe auf. Wahrscheinlich paßt der Begriff nicht zum Bild. Beide Kärtchen werden wieder an die ursprüngliche Stelle zurückgelegt. Anfangs passen die Paare höchstens durch Zufall, aber allmählich prägen sich die Positionen der Bild- und Begriffskärtchen immer mehr ein. Wer ein passendes Paar gefunden hat, darf dieses behalten und weiterspielen. Bild-Begriff-Memories sind ausgezeichnete Wortschatzübungen. Das Spielschema läßt sich – ohne Bildverwendung – auch auf Grammatikbereiche (z.B. Infinitiv – Perfekt) übertragen.

| | | | das Ton-bandgerät | die Bohr-maschine | die Zigaretten |
| | | | das Koffer-radio | der Super-markt | der Fern-seher |

Deutsch hier 1983: 21

Quartette

Spielregel Quartett: Wir sehen alle Karten an und erklären alle Begriffe. Dann mischen wir die Karten. Jede/r Spieler/in bekommt z.B. 6 Karten. Man muß versuchen, vier passende Bilder zu bekommen (4 Karten = Quartett). Wer ein Quartett hat, kann es ablegen. Wer zuerst alle Karten auf dem Tisch hat, ist Sieger.

| Wurst Schinken Braten | Schinken Braten Kotelett | Braten Kotelett Wurst | Kotelett Wurst Schinken |
| das Kotelett | die Wurst | der Schinken | der Braten |

Deutsch hier AB 1983: 22

Bild-Kim (Wortschatz)

Benötigt wird ein Bild, das so groß ist, daß es von allen Kursteilnehmern in allen Details gut gesehen werden kann.

Zum Beispiel können Reproduktionen aus einem Katalog auf ein großes Plakat geklebt werden. Günstig für den Anfängerunterricht ist es, wenn die Bilder zu einem Themen- oder Wortschatzbereich gehören (z.B. Wohnungseinrichtung, Kleidung), der den Teilnehmern aus den Vorstunden schon vertraut ist.

Das Bildplakat wird nun betrachet und besprochen. Anschließend werden die Bildteile nach und nach (z.B. mit Papierstreifen) abgedeckt. Die Teilnehmer/innen notieren nun (in Einzel-,Partner- oder Gruppenarbeit), was nicht mehr zu sehen ist. Wer sich an die meisten Details erinnert, hat gewonnen.

Foto: Schuckall

Bild-Kim (Bildbeschreibung)

Bei dieser Variante des Kim-Spiels wählt man am besten ein Bild aus, das mehrere Ebenen (Vordergrund, Hintergrund usw.) enthält. Die KT sollen sich jeweils zu zweit das Bild genau ansehen. Nach einer Minute wird das Blatt umgedreht und in Partnerarbeit notiert, was auf dem Bild zu sehen ist. Dann wird vorgelesen und verglichen. Sieger ist, wer die präziseste Beschreibung gibt.

*links ist ein Kran.
An dem Kran hängt
ein Elefant. Vorne
links ist ein Kranken-
wagen. Am Kai liegt
das Schiff Esmeralda.
In dem Schiff sind
viele Tiere. Rechts
sind Käfige und Kisten.
Von rechts kommt ein
Dampfer. Im Hinter-
grund sehen wir ein
Boot und andere
Schiffe. Das ist
vielleicht der Hafen in
Hamburg.*

Bilder, Wörter, Situationen 1983: 19

Planspiele

Planspiele sind kleine Unterrichtsprojekte, die sich über mehrere Etappen erstrecken und mehrere Unterrichtseinheiten umfassen können. Bekannt sind "Schnitzeljagd" und Stadterkundungsspiele, bei denen die Kursteilnehmer mit Aufgaben ausgerüstet werden, die sie außerhalb des Klassenzimmers lösen sollen. Spielmaterial sind Erkundungsbögen, Stadtpläne, Prospektmaterial usw... Planspiele erfordern eine präzise Vorbereitung durch die KL und sind entsprechend zeitaufwendig. In manchen Museen gibt es an der Kasse Klassensätze mit museumspädagogisch aufbereiteten Erkundungen.

Rollenspiele

Der folgende Stundenentwurf stellt eine Möglichkeit dar, mit Bildern Rollenspiele zu initiieren *(Vgl. Driever 1984: 27–34)*

1. Einstieg: Die Lerner bekommen Illustrierte ausgeteilt. Sie sollen sich Fotos von Personen aussuchen und ausschneiden. Jeder sucht sich anschließend ein Foto heraus, das ihm besonders zusagt.

2. Zu den Fotos werden fiktive biographische Daten und Angaben sowie persönliche Eigenschaften ausgedacht und notiert. Dies kann in Einzel-, Partner oder Gruppenarbeit geschehen.
   z.B. Name, Vorname
        Alter
        Familienstand
        Wo verbringt die Person ihren nächsten Urlaub?
        Welches ist ihr Lieblingsgericht? usw.

3. Diese Kurzbiographien dienen als Vorgabe für ein Rollenspiel. Hierfür wird zunächst eine Situation bestimmt, in der zwei oder mehr Personen aufeinandertreffen, z.B. "Im Zugabteil", "Im Wartezimmer" o. ä.

Dann wird die Spielsituation näher bestimmt. Dies kann beispielsweise ein selbsterlebter Vorfall oder Konflikt sein.

Zum Beispiel: beim Schwarzfahren erwischt: Drückt der Kontrolleur ein Auge zu? Was sagen die anderen Fahrgäste? Fällt der Schwarzfahrerin eine geniale Ausrede ein? Soll sie das Strafgeld gleich herausrükken?

4. Die Mitspieler diskutieren über den Einstieg in die Szene, klären die Rollen und spielen zunächst die Szene zwischen Schwarzfahrerin, Kontrolleur und Fahrgästen. Es können sich aber auch Gespräche mit den anderen Fahrgästen, zwischen dem Vater und dem Kind etc. anschließen.

„Ihren Fahrschein bitte!" Deutsch hier AB 1983: 32

2.6.2 Üben mit Bildern

Auch in einem kommunikativen Unterricht ist es nötig, ständig zu üben. Dieses Üben kann nicht immer einen produktiven, kreativen Charakter haben, sondern wird zwangsläufig manchmal am Rande der Langeweile geschehen. Doch lassen sich mechanische Übungen wie Drills, Satzschalttafeln, Lücken- und Einsetzübungen, Substitutions- und Umformungsübungen mit Bildern etwas sinnvoller gestalten. Manche Sprachpensen sind sogar ohne Bilder kaum sinnvoll zu vermitteln und zu üben.

Für viele KL ist es schon aus zeitlichen Gründen schwierig, selbst eigene Übungen zu entwickeln. Es ist deshalb empfehlenswert, sich eine Sammlung von Übungen anzulegen. Hierzu sollen im Kapitel C einige Vorschläge, vor allem für den Grundstufenbereich gemacht werden. Was kann man tun, wenn man nichts Passendes findet und mit dem Lehrbuchangebot unzufrieden ist?

Präpositionen mit Akkusativ: für, entlang, durch, um, gegen, ohne, bis

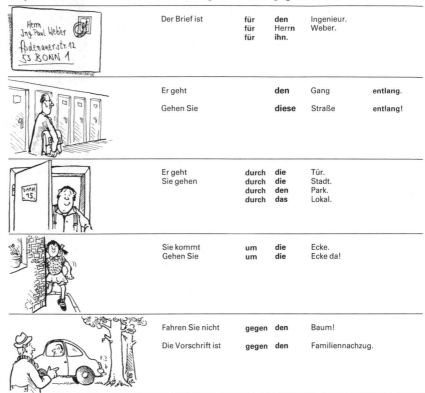

Der Brief ist	für	den	Ingenieur.
	für	Herrn	Weber.
	für	ihn.	
Er geht	**den**	Gang	entlang.
Gehen Sie	**diese**	Straße	entlang!
Er geht	durch	die	Tür.
Sie gehen	durch	die	Stadt.
	durch	den	Park.
	durch	das	Lokal.
Sie kommt	um	die	Ecke.
Gehen Sie	um	die	Ecke da!
Fahren Sie nicht	**gegen**	den	Baum!
Die Vorschrift ist	**gegen**	den	Familiennachzug.

Deutsch hier 1983: 116

Adaptieren und Selbsterstellen von Übungen

Rein textgesteuerte Übungen können schnell zur Ermüdung führen, wie hier das Beispiel zeigt.

> Muß man die Hinweise lesen? – Es ist auf jeden Fall wichtig, die Hinweise zu lesen.

9. Muß man die Formalitäten vor dem Abflug erledigen? **10.** Muß man wissen, wo sich der Abfertigungsschalter befindet? **11.** Muß man vor einer Auslandsreise Geld tauschen? **12.** Muß man in der Maschine das Handgepäck unter den Sitz stellen? **13.** Muß man sich vor dem Start anschnallen?

Deutsche Sprachlehre für Ausländer 2, 1977: 24

Derselbe Grammatikstoff, ein wenig lebensnaher und sprechüblicher mit Hilfe von Bildern präsentiert, wirkt viel ansprechender.

→ s.S.164

Es ist schön,...
Es macht mir Spaß,...
Ich liebe es,...

Ich hasse es,...
Ich finde es überhaupt nicht schön,...

Manchmal führen Lehrbücher bestimmte sprachliche Formen ein, die dann entweder gar nicht oder zu wenig geübt und gefestigt werden. Hier muß man sich als Kursleiter wohl oder übel selbst etwas einfallen lassen.

Eine Anschaffung

Pedro unterhält sich mit seinem Freund über die Anschaffung eines Tonbandgeräts und läßt sich ein paar Tips geben.

Pedro: Du hast doch ein Tonbandgerät. Ich habe schon lange eins kaufen wollen.
         Kannst du mir raten, was für eins ich nehmen soll?
Uwe: Ich habe keins mehr. Meins war ein älteres Modell,
         und das hatte ich schon gebraucht gekauft.
Pedro: Ich möchte möglichst das Neueste,
         denn ich will es mit nach Hause nehmen.
Uwe: Kaufe nur nicht den ersten besten Apparat!
         Nimm dir Zeit und laß dir mehrere Geräte zeigen.
Pedro: Ich hätte gern eins, das nicht zu anfällig ist gegen Reparaturen,
         mit Ersatzteilen ist das so eine Sache.
Uwe: Du solltest vor allem die Preise vergleichen.
         Und wenn du bar bezahlst, laß dir Prozente geben.
Pedro: Wahrscheinlich muß ich doch in Raten zahlen.
Uwe: Sei vorsichtig, und rechne dir das genau durch.
         Und lies den Vertrag, bevor du ihn unterschreibst.

Deutsch als Fremdsprache 1B 1983: 78

Für die neu eingeführte Sprachform "unbestimmtes Pronomen" bietet das Lehrbuch keine Übungen an, obwohl sie für die Sprechabsicht "Jemanden um Rat fragen/jemanden beraten" sinnvoll und wichtig sind. Hier muß dann vom KL selbst Übungsmaterial erstellt oder gesucht werden.

Mit Hilfe der Tafelskizze könnte die Lehrbuch-Situation aufgegriffen, erweitert und in kleinen bildgesteuerten Dialogen geübt werden. Hierbei würde die kommunikative Funktion des Sprechmittels klarer. Die Lerner würden anwendungsbezogener lernen.

```
Pedro:  Ich möchte mir gern ein Tonbandgerät kaufen.
        Kannst du mir einen Tip geben?

Uwe:    Was für eins willst du denn?

Pedro:  Ich dachte an ein kleines mit Batteriebetrieb.

Uwe:    .....................
```

Große Bildröhre
Fernbedienung

für Anfänger
nicht zu lang

unter DM 10000.-
rot, elegant

nicht so teuer
Spiegelreflex

Fotos

Bei Fotos kommen neben dem intendierten sprachlichen Übungszweck auch landeskundliche Sprechanlässe ins Bild:

Eine Bäckerei in Deutschland

```
Welche Brotsorten gibt es in Ihrem Land
nicht?
Welche Brotsorten gibt es in Deutschland
nicht?
```

Vor dem Ärztehaus:

```
Zu welchem Arzt gehen Sie,

wenn Sie                          haben?
        Halsweh
        Zahnweh
        Magenschmerzen
        Durchfall
        Depressionen
        . . .


Was heißt  "alle Kassen"?
```

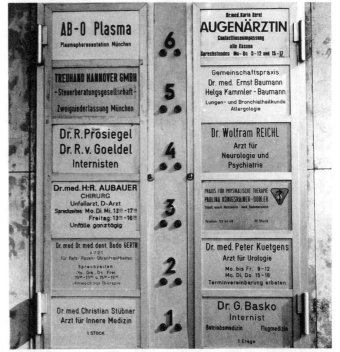

```
Was kann man im Elisenhof
alles machen/sehen/kaufen?
```

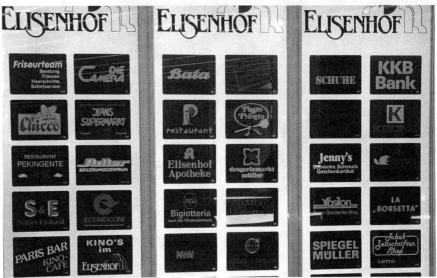

Foto 1 u. 2: Weiß; Foto 3: Schuckall

Schiebetafeln/Bewegliche Diagramme

Mit Schiebetafeln wird die Koppelung passender Satzelemente geübt (learning by doing).

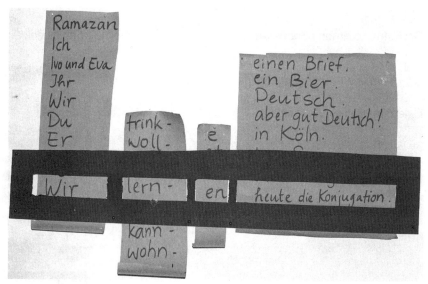

Ramazan
Ich
Ivo und Eva
Ihr
Wir
Du
Er

trink-
woll-

e

kann-
wohn-

einen Brief.
ein Bier.
Deutsch.
aber gut Deutsch!
in Köln.

Wir   lern-   en   heute die Konjugation.

Foto: Schuckall

mag

mögen

mag
kein/e/n

haßt

Zeitungen, Zeitschriften

Wie war das Wetter gestern in Spanien, Nordirland....?

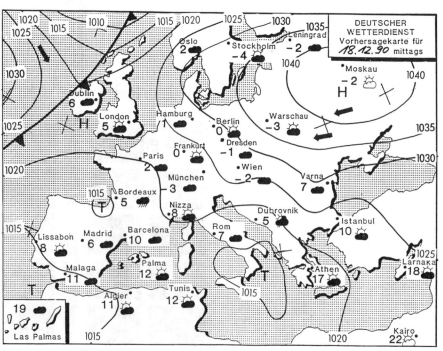

Karte: Deutscher Wetterdienst

3 Erklären und Verstehen

Intellektuelle Denkprozesse sind manchmal ohne bildhafte Vorstellung gar nicht machbar. Arnheim (1985) belegt dies an folgendem Beispiel:

Will man jemandem die Größenverhältnisse zwischen diesen drei Figuren erklären, so genügt es, jeweils auf die Figuren zu zeigen, die miteinander verglichen werden.

"Legt man ihm aber statt der Zeichnung die folgenden Sätze vor:
    A ist größer als B
    B ist größer als C
    daher ist A größer als C,
so muß er mit zwei selbständigen Vorstellungen arbeiten und diese irgendwie zu einer dritten vereinigen". *Arnheim 1985: 222*

Allerdings ist Sprache nicht durchgängig visualisierbar und das Bild nicht immer anschaulicher als die verbale Erklärung. Bei qualifizierenden Ausdrücken wie 'es gefällt mir' oder 'es schmeckt gut' kann man manchmal mit Unterstützung von Gestik und Mimik seine Meinung besser deutlich machen als mit einer Zeichnung.

Dieses "irgendwie" spielt sich im Denken wahrscheinlich in bildhaften Vorstellungen ab. Je abstrakter und kompli-

zierter ein Wort, Satz, Zusammenhang ist, umso mehr ist der Umweg über bildhafte Vorstellung nötig und wichtig. Eine Denkoperation wie diese:

"Sascha ist blonder als Natascha, aber dunkler als Sergej" ist gar nicht anders möglich als in visuellen Kategorien. Bildliche Vorstellung und Sprache wirken zusammen, um Denken zu ermöglichen. Arnheim zeigt, daß Einzelbegriffe auf einer Vielzahl von konkreten Bedeutungen aufbauen. Der Begriff "Baum" beruht auf unendlich vielen Bäumen verschiedener Form, Farbe, Größe. "Er ist in jedem Exemplar der Gattung inne, ist aber mit keinem identisch (...) Weiterhin ist der Bereich eines solchen Typenbegriffs auch nicht klar umschrieben, sondern geht in Nachbarbegriffe über. Das Baumhafte grenzt ans Gebüschhafte, Gemüse grenzt an Frucht.." *Arnheim 1985: 223.* Der Begriff verbindet die Merkmal- und Tatsachenbündel zu einer Einheit. Um diese Abschattierungen und Stufen im Denken festzuhalten, brauchen wir visuelle Vorstellungen. Wahrnehmen und Denken sind daher keine getrennten Erkenntnisbereiche.

Bezeichnungen wie 'Einsicht', 'Durchblick', 'im Bilde sein' zeigen, daß Denken immer auch visuelle Komponenten hat. Ein völlig unanschauliches, 'reines' Denken scheint es nicht zu geben, obwohl noch nicht umfassend bekannt ist, wie Denkprozesse ablaufen.

Mit Ideenskizzen kann man sich komplizierte Sachverhalte klarmachen und merken. Assoziogramme, häufig bei der Wortschatzarbeit verwandt, helfen bei der Speicherung von Begriffen im Gedächtnis, weil sie sinnliche Vorstellungsnetze bilden.

3.1 Interkulturelle Probleme des Erklärens im Unterricht

Wer einige Zeit im Ausland gelebt hat, kennt Beispiele für gescheiterte Kommunikation. Dabei sind meist nicht die klaren, auf mangelnden Sprachkenntnissen beruhenden Mißverständnisse besonders schmerzlich, sondern jene, wo scheinbares Verstehen dennoch nicht zum Erfolg führt, weil "Sender" und "Empfänger" verschiedene "Kodes" benutzen.

Ein Kollege berichtet von seinen Erfahrungen als Sprachlerner in Spanien (Jürgen Wolff 1986), unveröffentl. Ms). Er hat das Spanische sehr schnell gelernt, aber nach zwei Jahren plötzlich keine Lust mehr gehabt, weiterzulernen, weil ihn die vielen Mißverständnisse in der Alltagskommunikation entmutigten.

Im Spanischen ist es z.B. üblich, in Gesprächen eine Vielzahl abschwächender Formeln zu verwenden. Wünsche werden umschrieben und Alternativen offengelassen. Die in manchen deutschen Gruppen übliche Direkt-

Zeichnung: Tetsche

heit im Ausdrücken von Absichten ("ich möchte jetzt das und das machen") wird von den Spaniern deshalb oft als ultimativ empfunden und kann zur Distanzierung führen. Mißverständnisse treten u.U. schon bei der Entschlüsselung einzelner Wortbedeutungen auf. Schlägt man im Wörterbuch unter "muy bien" nach, findet man als deutsche Entsprechung "sehr gut". Spanier setzen es jedoch sehr häufig modal im Sinne von "na ja" ein. Solche Situationen des sprachlichen Scheiterns sollten in den Unterricht einbezogen werden.

Untersuchungen zur Kommunikation zwischen Deutschen und ausländischen Arbeitern zeigen, daß es den deutschen Gesprächspartnern oft nicht bewußt ist, daß sie mehrdeutige Begriffe verwenden. Auch wenn der ausländische Gesprächspartner den Begriff völlig richtig im gegebenen Kontext entschlüsselt, aber in der nichtgemeinten Bedeutungsvariante, kann es sein, daß der deutsche Sprecher sich mißverstanden fühlt und entsprechende Signale aussendet, die das Gespräch zum Versiegen bringen.

Für die interkulturelle Kommunikation kann hieraus der Schluß gezogen werden, daß im Erklärprozeß der kompetentere Sprecher mehr leisten muß, nicht umgekehrt. Der Muttersprachler kann den Verstehensprozeß unterstützen, indem er z.B. gezielt nachfragt, wenn er den Eindruck hat, daß der Gesprächspartner etwas nicht ganz verstanden hat, und indem er vor allem sprachliche oder nichtsprachliche Verhaltensweisen vermeidet, die Ungeduld, Desinteresse usw. signalisieren. In der fremdsprachlichen Lehrerausbildung werden zwar Techniken der Bedeutungserschließung vermittelt, aber nicht gesprächsbegleitende, nicht-verbale Elemente, die das Verstehen erleichtern.

Im Unterricht muß bei der "Bedeutungsvermittlung von Redemitteln die jeweilige Situation, die Rollen der Gesprächspartner, die Redeabsichten, der kulturelle Hintergrund und das soziale Umfeld, in denen die jeweiligen Redemittel gebraucht werden, mit vorgestellt werden. Diesen Kontext kenntlich zu machen, ist eine zentrale Funktion der Visualisierung." *(Fritton 1985: 34)*

Es ist nicht leicht, im Sprachunterricht authentische Kommunikation zu simulieren. Man darf aber auch nicht übersehen, daß der Unterricht eine Schutzfunktion darstellt, in dem ohne Druck sprachliches Probehandeln möglich ist.

3.3.1 Erklären von Begriffen

Chaval

Während in 'natürlichen' Sprechsituationen die Bedeutung von Begriffen und Redewendungen meist sehr rationell vermittelt wird, obwohl die Erklärmethoden oft recht grob sind, ist das Erklären von unbekannten Wörtern im Sprachunterricht trotz ausgefeilter Vermittlungstechniken oft ein mühsames Unterfangen.

In der 'natürlichen' Sprechsituation besteht ein unmittelbares Interesse an der Verständigung. Paraphrase, Gestik, Mimik und der Verständigungskontext ergänzen einander und sorgen für ein schnelles Erfassen des Gemeinten, vorausgesetzt, daß der kompetentere Gesprächsteilnehmer sich auf den Sprachstand seines Partners einstellt. Im Unterricht sind selten alle Lerner mit gleichem Interesse an der Erklärinteraktion beteiligt. In Lesephasen z.B. ist jeder an einer anderen Stelle im Text. Die Worterklärung ist im Moment nur für einen oder wenige Lerner relevant, während die anderen aus ihrer Aufmerksamkeit gerissen werden.

Da wir ja nicht in Einzelwörtern miteinander kommunizieren, sollten auch im Unterricht Einzelworterklärungen möglichst vermieden werden bzw. in Phasen der Wortschatzarbeit erfolgen.

Die Unterrichtserfahrung zeigt, daß die Lerner selbst manchmal die besseren Erklärer sind, weil sie die Verstehensprobleme am besten kennen. Sie können oft besser als der Lehrer sehr bildhaft-anschauliche Erklärungen selbst schwieriger abstrakter Begriffe geben. (Im Unterricht versucht der Lehrer eine Umschreibung des Begriffs "Sympathie", die aber nicht "rüberkommt". Ein Mitschüler erklärt: "Sympathie ist, wenn die Luft zwischen zwei Menschen warm ist.")

Schwierigkeiten beim Erklären von Wörtern

Wörter sind selten direkt übersetzbar. Die Assoziationen, die sie auslösen, sind weit gespannt. Das Genannte und das Gemeinte sind selten deckungsgleich. Was meint ein Ausländer z.B. wenn er sagt: "die Deutschen sind kalt". Meint er Gefühlskälte, die Unfähigkeit zur Spontaneität oder eine gewisse Schwerfälligkeit oder Distanziertheit? Noch schwieriger werden die Assoziationsfelder (Konnotationen) bei Begriffen wie Ehre, Vaterland, Familie: "Was schwingt mit in einem Wort, wie "Wasser" in unserer kulturellen Umgebung, wo man an Dinge denkt wie 'Wasserverschmutzung, schon wieder dieses Sauwetter, Ferien, Segeln' usw. Ein Inder hat dabei wahrscheinlich eher Vorstellungen wie 'endlich mal wieder Regen, Wasserverteilung, Überschwemmung'.

"Begriffe wählen einen charakteristischen Zustand des Phänomens und lassen diesen das Ganze vertreten. Statische Begriffe erleichtern eine erste Annäherung an ein Phänomen (..) aber sie machen das zu Beschreibende gleichzeitig zu einfach, indem sie es zum Erstarren bringen und isolieren..." *(Arnheim, 1985: 172)* Der Begriff "Bewegung" z.B. ist statisch, weil er nicht die verschiedenen Qualitäten von Bewegung erfaßt.

Auch die umfangreichsten Wörterbücher geben nicht immer eine genaue Bedeutung eines Wortes an, ja sie können es auch nur bedingt, da ein Wort seine volle Bedeutung nur in einem gewissen Kontext erhalten kann.

Bei der Wortschatzarbeit im Sprachunterricht sollte daher darauf geachtet werden, daß verbale und nonverbale, visuelle Erklärungsverfahren sich ergänzen und die Nachteile und Vorteile sich ausgleichen:

– Verbale Erklärungsverfahren haben den Nachteil, daß die Lerner dabei in die Rolle von scheinbar Unwissenden gedrängt werden. Der Begriff 'Semantisierung/Bedeutungserklärung' ist schief, denn er suggeriert, daß den Lernern mit den Begriffen die Welt erklärt werden muß. Aber sie haben die Begriffe schon, ihnen fehlt lediglich der fremdsprachliche Ausdruck.

– Die Lehrersprache beim Erklären von Wortbedeutungen mutet fast immer unnatürlich, überpädagogisch an. Diese pedantische Erklärhaltung könnte mit Hilfe von Bildern vermieden werden: die Lerner sind am Erklärprozeß beteiligt. Oft stellt sich das Begriffsverständnis spontan ein.

– Bei der Worterklärung ist die Zielsprache zugleich Erklärgegenstand und Träger der Erklärung. Das bedeutet, daß die Erklärung selbst manchmal neue unbekannte Begriffe enthalten kann.
Da sich die Wortbedeutungen von einer zur anderen Sprache gewöhnlich nicht decken, kommt es im Unterricht häufig zu langen Worterklärungsphasen. Man sollte sich aber nicht zu lange mit Einzelworterklärungen aufhalten, sondern Texte als Ganzes ins Auge fassen, das schon Bekannte herausarbeiten und Bedeutungen aus dem Kontext erfassen, wo dies möglich ist. Wenn Texte nicht zu viele Verstehenshindernisse kultureller, sozialer und sprachlicher Art auf einmal enthalten, sind sie in ihrer globalen Aussage erfaßbar. Bilder können hierbei helfen *(Vgl. advance organizer S. 94)*. Texte sind daher prinzipiell übersetzbar *(Weinrich 1967: 25)*. Bilder können dabei die Entschlüsselung eines Textes begünstigen.

Lehrbücher bieten wenig Hilfen zur Semantisierung von Begriffen. Es gibt einige positive Ausnahmen wie das Bildwörterbuch zu "Komm bitte" und die durchwegs mit Abbildungen versehenen Glossare zu "Deutsch für Jugendliche anderer Muttersprache".

gekräuselt:

'Gegenteil: glatt / schlicht
(Lektion 4, Text II)

gelten
hier: das gilt nur für . . .: das stimmt (ist richtig) nur für . . .
     (Lektion 9, Text Ia)

genau:

Mit einem Zentimeterband kann man nicht so **genau** messen wie mit einer Schieblehre.
»Prüfe deine Schieblehre öfter auf Genauigkeit.«
(Lektion 5, Text VIIa)

Jirsa/Wilms: Deutsch f. Jugendliche anderer Muttersprache, Glossar 1979: 68

KL merken oft gar nicht, wie kompliziert sie sprechen. Es fehlt ihnen die Selbsterfahrung als Schüler, der eine fremde Sprache zu lernen versucht. Die folgende wörtliche Transskription einer Arbeitsanweisung ist sicherlich ein extremes Beispiel, zeigt aber eine bei Sprachlehrern verbreitete Ansicht: viel erklären hilft viel. Im Unterricht mit leicht fortgeschrittenen ausländischen Arbeitnehmern war die Kurzgeschichte "Der Schlüssel" von Carlo Manzoni erarbeitet worden *(vgl. Deutsch hier 1982: 106)*. Die Lerner sollten im Anschluß an die Textarbeit einen Dialog in Partnerarbeit erstellen, der ungefähr den Textablauf der Geschichte wiedergab. Hierfür hatte der Lehrer ein Arbeitsblatt vorbereitet:

"Sie kriegen jetzt einen Zettel, d.h. jeweils drei Personen kriegen einen Zettel und da drauf sind Sprechblasen, und ich möchte jetzt, daß Sie diese Sprechblasen ausfüllen, d.h. Sie schreiben in die Sprechblasen noch einmal die Situation des Textes, d.h. also: was geschieht im Text?

Sie können aber auch einen eigenen – man nennt das Dialog, es sprechen zwei Leute miteinander, das nennt man Dialog – Sie können auch einen eigenen Dialog schreiben. Also, der eine Herr sagt das, der Herr im dritten Stock sagt das, der Herr Veneranda sagt das, ja? Da sagt er das, dann denken Sie sich eine eigene Antwort aus. (Schülerin fragt etwas) Einen Moment, nein! das können Sie machen, wie Sie das wollen. Sie denken sich ...".

Eigentlich sind solche ausführlichen verbalen Arbeitsanweisungen unnötig, denn die visuelle Gestaltung des Arbeitsblattes ist für die Lerner eindeutig: Schreibt einen Dialog zu der Geschichte, die wir durchgenommen haben! Es fehlt nur die Information: Macht das in Partnerarbeit, bzw. in Dreiergruppen. Die Erklärungen sind sowohl eine Unterforderung, weil mehrmals erklärt wird, was die KT ohnehin schon wissen, als auch eine Überforderung, denn der KL redet in komplizierten Schachtelsätzen und gibt zudem einen unklaren Arbeitsauftrag.

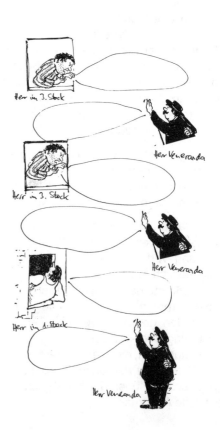

Erklären von Begriffen mit Bildern

Die Semantik des Einzelworts ist abstrakt und vage. Konkret wird sie erst durch Kontext, Lebenssituation, assoziatives Umfeld. Gute Wörterbücher stellen das Wort wenigstens in den Kontext von Beispielsätzen. "Der Satz ist die Brücke zwischen Bedeutung und Meinung" *(Weinrich 1967: 22)*. Ebenso können Bilder eine Brücke zwischen abstrakter Einzelwortbedeutung und konkreter Bedeutung sein. H. Weinrich weist auf das Beispiel "Feuer" hin. Bei "Feuer" kann man an alles Mögliche denken: Herdfeuer, Strohfeuer, glimmendes oder loderndes Feuer, Feuer der Liebe, feurigen Wein usf.

"Von all diesen Merkmalen erfährt der Hörer, dem bloß das Wort 'Feuer' und seine Bedeutung gegeben ist, fast nichts. Gegeben ist ihm mit der (..) Bedeutung nur eine karge Information, die sich grob umschreiben läßt nach den Merkmalen 'heiß', 'brennend'. Alle anderen Merkmale gerade dieses Feuers erfährt er nicht. *(Weinrich 1967: 17)*

Die Visualisierungen des Begriffs "Feuer" zeigen, daß die Zeichnung eine sehr vielseitige und flexible Form der Semantisierung ermöglicht. "Sie kann fest in den Dienst einer genau definierten Zielsetzung gestellt werden." *(Ankerstein 1972: 17)* dabei ist jedoch zu beachten, daß die Semantisierungszeichnungen im Gegensatz zu anderen Bildfunktionen eindeutig sein müssen, d.h. daß sie direkt zum Ziel führen. Mehrdeutigkeit ist hier nicht erwünscht.

3.1.2 Techniken der Worterklärung

Insbesondere im Anfangsunterricht in national heterogen zusammengesetzten Lernergruppen stehen dem Unterrichtenden kaum andere Erklärungshilfen zur Verfügung als Mimik, Gestik und die bildliche Veranschaulichung an der Tafel.

Die Worterklärung mit Bildern, z.B. mit Tafelskizzen hat den Vorteil, daß sie von den KT leicht nachvollzogen werden kann. Sie funktioniert als anschauliches Erklärungsmittel ebensogut wie Gestik und Mimik und sehr oft besser als die verbalen Verfahren. Bildsemantisierung ist keineswegs nur auf Konkretes beschränkt. Vielfach können Zeichnungen auch die verbale Erklärung unterstützen und zusammen mit dieser eine Anschauung des Begriffs vermitteln. Auch zeichnerisch unperfekte Darstellungen führen zum Ziel, wenn sie eine assoziative Annäherung an die Bedeutung noch ermöglichen.

Die Begriffe, die als Beispiele für verbale und nichtverbale Verfahren aufgeführt sind, stellen eine ganz zufällige Auswahl dar. Wir versuchen, sie zu visualisieren und dabei zu belegen, daß auch die ungeübte Lehrerzeichnung in den meisten Fällen die effektivere Semantisierung darstellt.

Die These, daß das Erklären mit Hilfe von Bildern den anderen Verfahren meist überlegen ist, soll nun an Beispielen belegt werden. Die Beispiele zu den verbalen Verfahren stammen aus Lehrbüchern oder sind Transkripte von authentischen Unterrichtserklärungen.

Bucht	Die Zeichnung ist eindeutig besser als die Umschreibung: „Bogen des Wassers in das Land"
Frühschoppen	Fehlanzeige. Mit normalen zeichnerischen Mitteln schwer darstellbar. Hier hilft nur eine Kopplung von verbaler Semantisierung über die Wortbildung mit einer Skizze zur Semantisierung von "Schoppen". Frühschoppen ist eine landeskundliche Situation, die am besten mit einem Foto typisiert werden könnte.
Insel	Die Zeichnung ist ebenso gut wie das Beispiel ("Madagaskar, Sizilien, Sardinien sind Inseln").
ablegen	Vormachen ist die deutlichste Erklärung: die Jacke ausziehen und sie hinlegen: "ich lege meine Jacke ab".
beschädigt	Die Zeichnung unterstützt die verbale Umschreibung: "dieser Pullover ist beschädigt."

"Brücke"	Der Kontext ist "Beim Zahnarzt". Die Lehrerin versucht eine verbale Erklärung: "Manchmal ist zwischen den Zähnen so ein Lücke, die mit Metall überbrückt wird."
schmelzen	dito
jünger, älter	dito
"Körperertüchtigung"	Der Begriff ist vieldeutig und schwer verbal oder visuell zu veranschaulichen. Eine Zeichnung würde leicht in die Irre führen. Die Erklärung über Internationalismen wie Sport, Training, body-building in Verbindung mit der Wortbildung ist besser.
sparen	Ebenfalls schwer zu visualisieren. Die Zeichnung muß ergänzt werden durch die Wortfamilie oder durch ein verbales Beispiel: "Mein Auto ist sparsam. Es braucht nur 5 Liter Benzin. Ich spare Geld".
Geburtstag	Auch dies ist eine landeskundliche Situation, deren Visualisierung schwierig ist. Der Geburtstagskuchen funktioniert nur, wenn die Lerner wissen, wie bei uns Geburtstage gefeiert werden. Wenn nicht, ist der Umweg über die Wortbildung oder über das englische Wort birthday, begleitet von einigen Takten "happy birthday..." wohl effektiver.
Schatten	
gewinnen	Je nach Kontext. Die Zeichnung ist noch klarer als die klarste Umschreibung.

3.2 Bilder als "advance organizer"

Der Begriff "advance organizer" ist im Deutschen nur ungefähr zu umschreiben mit 'eine den Lernprozeß vorentlastende Verstehenshilfe'. Der Präsentation des Lernstoffs wird eine Phase vorgeschaltet, "in der es darum geht, im voraus, 'in advance', die Hindernisse aus dem Weg zu räumen, die den Lernenden ins Straucheln und zu Fall bringen können, die Verstehen verhindern und Lernen erschweren."
(Kast 1985: 49)

Solche Hindernisse im Verstehensprozeß können sein:
– Informationen, für die die Lerner noch wenig oder kein Vorwissen mitbringen.
– Landeskundliche, politische, gesellschaftliche Inhalte, zu denen die Lerner erst einen Zugang gewinnen müssen.
– Unbekannte Wörter und Strukturen.
– Situationen, die für die Lerner fremd oder befremdlich sind.
– Texte, deren Schwierigkeitsgrad den Leser überfordern.

Ein 'advance organizer' kann nicht alle diese Verstehensprobleme beseitigen, aber den Zugang zu einem Lerninhalt erleichtern. Er zielt auf das globale Verständnis einer Situation oder eines semantischen Felds (Thema, Mitteilungsbereich). Durch ihn soll zudem eine Vorerwartung und ein Interesse am Stoff geweckt werden. Je schwieriger und fremder die Inhalte sind, um so wichtiger ist ein advance organizer als Unterrichtsphase, in der die Lerner ihr Vorwissen einbringen, Hypothesen bilden und Distanz abbauen können. Bilder sind ein hervorragendes Medium für die Vorentlastung und Einstimmung in neue Lerninhalte. Die gegebene Sozialform hierfür ist die freie Äußerung im Plenum oder in der Arbeitsgruppe, in der kontextuelles Wissen ausgetauscht wird.

Der Bild-organizer baut ein Zeigefeld auf, in dem verschiedene sprachliche Realisierungen der Sprechabsicht "Sich nach einem Zimmer erkundigen" möglich sind. Die Situation ist sofort klar und reizt dazu, Sprachhandeln auszuprobieren. Was hier stört, ist der geschlossene Dialog, der ein Vorgehen nahelegt, das der kommunikativen Offenheit des 'organizers' widerspricht: Einüben des Dialogs, Drillübungen.

Deutsch für Jugendliche anderer Muttersprache GB 1 1979: 78

Auch wenn man kein oder wenig Italienisch versteht, hilft das folgende Bild ungefähr zu verstehen, worum es in der Anzeige in einer italienischen Funkzeitschrift geht.

Dieses Foto evoziert sofort das Geschehen in Polen während der Besetzung durch deutsche Truppen. Die Bildunterschrift ist durch Wortähnlichkeiten bzw. Internationalismen leicht zu erschließen: dieser Junge hat überlebt. Er ist heute Zahnarzt und lebt in Amerika.

Die Textsorte zeigt, daß es hier um die Ankündigung einer Sendung über die Lebensgeschichte dieses Jungen geht.
Enzo Biagi hat ihn besucht und interviewt.
Die Sängerin Milva interpretiert Lieder aus dieser Zeit, und es werden Briefe und Gedichte vorgetragen.

Oggi è medico dentista e vive in America.

Il bambino di questa famosa e drammatica immagine oggi è medico dentista e vive vicino a New York: ENZO BIAGI è andato a intervistarlo.
Sarà in un episodio del nuovo programma televisivo di Biagi che ricostruisce in dieci puntate il periodo più drammatico dell'ultimo conflitto mondiale.
Canzoni d'epoca interpretate da Milva, lettere e poesie lette da Piera degli Esposti, avanspettacolo con Carmen Russo.

RAI RADIO TELEVISIONE ITALIANA

QUESTO SECOLO
1943 E DINTORNI RAIUNO
il martedì e il sabato alle 22.10

Gerade bei Texten, die im Schwierigkeitsgrad den Sprachstand der Lerner übersteigen, aber eine für sie wichtige Information enthalten, kommt dem 'organizer' eine besonders wichtige Vorentlastungsfunktion zu.

Ausländer aus nicht EG-Staaten, die in der Bundesrepublik leben, haben meist schon unangenehme Erfahrungen mit dem Ausländeramt gemacht. Zur Verlängerung der Aufenthaltserlaubnis muß in manchen Gemeinden "ausreichender Wohnraum" nachgewiesen werden.

Dies wird nicht selten von Beamten kontrolliert, die in die Wohnungen kommen und nachmessen.

Die Zeichnung illustriert die Absurdität solcher Bestimmungen. Die Messlatten auf dem Boden zeigen den Mindestraum an, der für jedes Familienmitglied amtlich vorgeschrieben ist.

Als zusätzliche Lesehilfe sind die wichtigsten Informationen im Text hervorgehoben und rechts in einer Tabelle zusammengefaßt.

Anforderungen an die Wohnung

Unverzichtbare Voraussetzung für den Familiennachzug ist eine Wohnung, die den durchschnittlichen Anforderungen vergleichbarer deutscher Arbeitnehmer an eine angemessene Wohnung entspricht. (. . . . .)
Die Wohnfläche muß bei Wohnungen für jeden über 6 Jahre alten Bewohner mindestens 12 qm und für jeden noch nicht 6 Jahre alten Bewohner mindestens 8 qm betragen.

Wohnfläche	
Bewohner über 6 Jahre	Bewohner unter 6 Jahre
12 qm	8 qm

Deutsch hier 1982: 115

95

Manche Texte widersetzen sich aber einer Umsetzung ins Graphische. Das Bild kann dann nur grob strukturieren, die Atmosphäre und Tendenz wiedergeben. Ein Beispiel hierfür wäre die Illustration zu der Kurzgeschichte 'Ein schöner Tag' von Lieselotte Rauner.

Die beiden skizzenhaft angelegten Zeichnungen sind als Vorentlastung für einen Lesetext gedacht. Das linke Bild steht für Hetze, Tempo, Dynamik, das rechte für Ruhe, Gemütlichkeit, Beschaulichkeit. Die Spannung zwischen den beiden Bildern ermöglicht es den KT, die Kernaussage der Kurzgeschichte im voraus zu erfassen.

Liselotte Rauner

Ein schöner Tag

Es ist jeden Sonntag dasselbe. Früh um sechs Uhr: raus aus den Federn! Und dann geht die Hetze gleich los. Flink unter die Dusche! Schnell den Tisch decken! Rasch Kaffee trinken! Die Zeit drängt. Vater fährt
5 schon den Wagen aus der Garage. Wartet ... und hupt. Die Fahrt ins Blaue ist wieder fällig. Wozu ist denn das Auto da? Damit man raus kommt aus der Stadt! Ins Grüne! An die frische Luft! Das ist ja so gesund für die Kinder!
10 Till ist fünf Jahre alt. Dieter ist zehn Jahre älter. Er wird dafür sorgen, daß der kleine Bruder sich nicht langweilt. Dieter denkt während der Fahrt an seine Freunde. Die dürfen um diese Zeit noch pennen. Treffen sich um zehn im Schwimmbad. Wollen am Nach-
zu Ulla ... ihrem Garten ... Party gibt

fängt an zu weinen. Vater flucht. Und Mutter wird nervös, weil sie nicht helfen kann.
25 Doch nach einer halben Stunde geht es schon weiter. Aber die nächste Schlange hält etwas länger auf. Das wird dem kleinen Till nun doch zuviel. Er brüllt und tobt. Keiner kann ihn mehr beruhigen. Vater bewilligt endlich eine Pause! .
30 Jetzt geht der Ärger erst richtig los. Das Bier ist warm. Die Milch ist sauer. Und der Kartoffelsalat ist verdorben. Zum Glück ist ein Lokal in der Nähe. Es ist sehr voll. Man muß zu lange auf das Essen warten. Soviel Geduld kann man von Vater nicht verlangen.
35 Es ist ja auch noch Obst im Wagen. Und nun fährt Vater hinaus in die freie Natur. Es ist ein schöner ... Wetter kön... best...

3.3. Grammatikerklärung mit Bildern und optischen Signalen

Grammatikstunden sind oft schwierig vorzubereiten, weil drei Bereiche stimmig miteinander verbunden werden müssen:

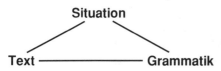

Eichheim/Wilms (1980: 110f.) beschreiben für die Perfekteinführung einen Weg, in dem die drei genannten Bereiche Text/Situation/Grammatik schlüssig in Verbindung gebracht werden können.

"Das Bild als 'advance organizer' spricht fast für sich allein: 2 Personen rekonstruieren den Verlauf eines gemeinsam zurückgelegten Weges, um die Station ausfindig zu machen, wo möglicherweise der Geldbeutel vergessen oder verloren wurde. Sie besprechen gerade gemeinsam Erlebtes, abgeschlossene Handlungen also und benutzen vorrangig die Tempusform Perfekt. Hier ist ein möglicher, fast zwingender Funktionsbereich für ein sprachliches Mittel gefunden.

Wir	**sind**	am Kiosk	**gewesen.**
	sind	mit der U-Bahn	**gefahren.**
	haben	eine Zeitung	**mitgenommen.**
	haben	die Hose	**gekauft.**
Da	**habe**	ich es noch	**gehabt.**
Wo	**habe**	ich es	**verloren?**
	Hast	du es am Kiosk	**vergessen?**

Deutsch aktiv 1 1979: 112

"Deutlich wird hier, wie sehr Sprache und Bild einander bedingen. Das visuelle Element ist hier keine Illustration, keine 'Beigabe' mehr, sondern gibt mit dem Text zusammen die komplette Information, baut den Verhaltensraum und das Zeigefeld auf, in dem sinnvoller Sprachgebrauch möglich ist".

Eichheim/Wilms 1980, 109 f

Ein solch stimmiges Verhältnis zwischen Text und Situation ist allerdings im Unterricht nur selten herstellbar. Es bleibt nun die Frage: wie komme ich von diesem Bild, diesem (oder einem ähnlichen) Dialog zur Grammatik, d.h. wie schaffe ich es, daß meine KT die komplizierten Bauformen und die Gebrauchsregeln des Perfekts beherrschen lernen?

Man weiß bei der Unterrichtsvorbereitung meist zuerst, welcher Grammatikstoff 'dran' ist, bevor man sich auf die Suche nach einer geeigneten Präsentationssituation und einem dazu passenden Text macht.

Kommunikativ folgerichtiger wäre es zu überlegen:
- Welche kommunikative Leistung stelle ich heute in den Mittelpunkt?
- Welchen Wortschatz und welche grammatischen Teilbereiche muß ich vermitteln, damit diese kommunikative Leistung aufgebaut werden kann? Das kommunikative Lernziel bestimmt die formalen Mittel.
- Wie verpacke ich das Neue, d.h. welcher Text und welche Situation vermitteln es glaubwürdig?
- Wie mache ich das Neue den KT bewußt?
- Wie schaffe ich Anwendungsmöglichkeiten?

Die Funktion grammatischer Zusammenhänge ist verbal sehr schwer zu vermitteln, ganz besonders im Anfangsunterricht. Wer deshalb versucht, Grammatik nicht nur als kompakten Stoff zu vermitteln, sondern anschauliche Lernhilfen sucht, wird nach Möglichkeit Bilder und optische Erklärhilfen einsetzen, sich vielleicht im Tafelzeichnen üben.

Bild und Sprache ergänzen sich allerdings nur dann gegenseitig, wenn es inhaltliche Anknüpfungspunkte gibt. Viele Grammatikpensen lassen sich nur auf einer frühen Stufe des Spracherwerbs veranschaulichen, wenn gewisse Unschärfen noch in Kauf genommen werden können. Andere, wie der Dativ, müssen einfach als Form zur Kenntnis genommen werden.

3.3.1 Beispiele für Erklärungen des Akkusativs und des Passivs

Wir stellen nun exemplarisch zwei Grammatikeinführungen mit Hilfe von Bildern vor (s.S. 98f.). Das erste Beispiel zur Akkusativergänzung greift eine Lehr-und Lernschwierigkeit aus dem Anfangsunterricht auf. Wie soll man erklären und verstehen, warum nach bestimmten Verben der Artikel der Ergänzung nicht mehr die gelernte Form hat? Für viele KT ist das eine der ersten Barrieren. Die Erklärung "Akkusativ ist, wenn ich frage: wen oder was", hilft nicht weiter.

Die zweite Einführung soll zeigen, wie über Bilder ein inhaltliches Verstehen der Funktion des Passivs vermittelt werden kann.

Beispiel 1: Einführung des Akkusativs

Nur im Maskulinum gibt es einen Unterschied zwischen Nominativ und Akkusativ, der an der Artikelform erkennbar ist. Bei Neutrum, Feminum und im Plural ist die Form gleich mit dem Nominativ. Dies bereitet den KT große Schwierigkeiten im Erkennen und Anwenden des Akkusativs.

Wie verpacke ich das Neue?

Für die Einführung von Grammatik sind häufig bildliche Situationsvorgaben hilfreich, die die Anwendung einer bestimmten Struktur nahelegen oder sogar erfordern. In Einkaufssituationen braucht man im allgemeinen Verben mit Akkusativ "Ich möchte"... "Haben Sie...?"

Das Situationsbild dient zunächst zur Klärung des sprachlichen Handlungsrahmens (Wo ist das? Wer ist das Mädchen, wer der Mann? Was sagen Sie? Was hat die junge Frau in der Hand?) Anschließend kann mit Hilfe des Bilds Wortschatz erarbeitet werden. Die KT können vielleicht bereits kleine Probedialoge versuchen.

Deutsch hier LB 1983: 25

Wie mache ich das Neue bewußt?

Die Phase der Systematisierung ist die eigentliche Klippe, denn sie entscheidet darüber, ob die Hypothesen über die zu lernenden Sprachregeln in den Köpfen der KT zum Verstehen geführt werden. Dieser Vermittlungsschritt ist in den Lehrwerken meist ein 'blinder Fleck', wenn er im Lehrerhandbuch nicht ausführlich beschrieben wird.

Beim zweiten Bild kopieren wir das Mädchen (über eine Folie) spiegelverkehrt, so daß es links steht. Rechts ist ein Stück Käse. Wenn wir vom Mädchen als Handlungsträgerin und vom Käse als Objekt und Ziel der Handlung ausgehen, deuten wir damit die Vorstellung einer Zielrichtung an:

```
Mädchen ─────────────────▶ Käse
```

Zunächst bestimmen wir die Artikel:

Das Mädchen   **der** Käse

Die KT sollen nun versuchen, diese Beziehung auszudrücken:

Das Mädchen (kauft / möchte) der Käse?

Dabei wird klar, daß hier etwas nicht stimmt.

Wir müssen den Satz eindeutig machen:

Das Mädchen kauft *den* Käse.

Das Mädchen ist so als Handlungsträgerin identifiziert, der Käse als Zielobjekt, das wir mit der Bezeichnung 'Akkusativergänzung' versehen. Auf der Tafel sieht das z.B. so aus:

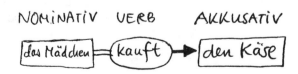

NOMINATIV VERB AKKUSATIV
das Mädchen ─ kauft ▶ den Käse

Das Mädchen fragt **den** Verkäufer.

und umgekehrt

Der Verkäufer fragt das Mädchen

Dies kann anhand eines weiteren Bilddetails noch deutlicher gemacht werden. Die beiden haben etwas miteinander zu tun. Der (die) eine fragt den (die) andere(n) etwas, aber wer wen? Der Verkäufer das Mädchen oder das Mädchen den Verkäufer? Durch die Form Akkusativ wird der Bedeutungszusammenhang klar. Jetzt können wir sogar die Satzglieder umstellen und es bleibt dennoch klar, wer wen fragt (wobei allerdings die Betonung verschoben wird).

```
Den Verkäufer fragt das Mädchen
```

Die hier mit den Mitteln inhaltlicher Anschaulichkeit gewonnene Regeleinsicht Subjekt → Akkusativobjekt gilt jedoch nicht immer. In Sätzen wie "ich bekomme einen Schnupfen" ist die Zielrichtung eher umgekehrt. Die Regel gilt nur vorläufig und muß später differenziert werden.

Die Nominativ-Akkusativ-Beziehung wird nun mit Hilfe weiterer Einkaufsartikel ausprobiert, wobei wir zur Hilfe ein Tafelbild zur Verfügung stellen.

Ausgehend von der Nominativergänzung als dem bereits Bekannten, entwickeln wir die Akkusativformen:

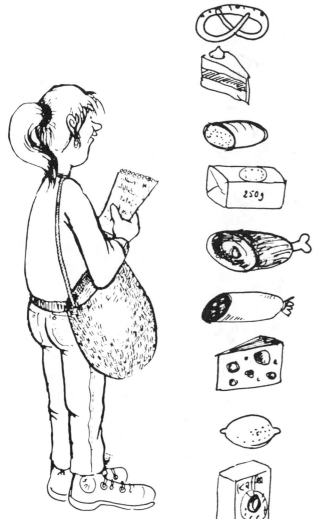

NOMINATIV	Akkusativ
die Butter	die Butter
das Mädchen	das Mächen
der Käse	**den** Käse

99

Wie schaffe ich Anwendungsmöglichkeiten?

Zunächst sammeln wir weitere Verben mit Akkusativ, die den KT evtl. schon bekannt sind.

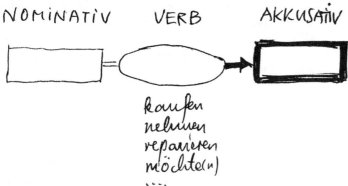

Nach dem Prinzip: vom Einfachen zum Schwierigen werden nun mit Hilfe des Satzbauplans und einiger Bildimpulse Sätze im Akkusativ produziert.

Freiere Übungen zum Akkusativ (→ S.167)

Vertexten von Bildern (mit Hilfe des Wörterbuchs).

Zeichnung: Schuckall

Transfer:

Die Einführungssituation wird wieder aufgegriffen, aber etwas verändert. In jedem Lehrbuch findet man ein Bild zum Thema Einkauf. Hier haben wir das Mädchen in eine andere Einkaufssituation eincollagiert. Die KT entwerfen in Partnerarbeit Dialoge und lesen/spielen diese vor.

Beispiel 2: Einführung des Passivs

Viele Lehrwerke führen das Passiv lediglich als formales Phänomen ein, sozusagen als 'Gegenteil' des Aktivs und zudem in Kontexten, die keinesfalls das Passiv zwingend erfordern.

Ein Lehrbuchbeispiel *(Schulz-Griesbach, Deutsche Sprachlehre für Ausländer, Band 2 1977: 15)*

Die auf den Bildern dargestellten Situationen werden durch kurze Texte beschrieben, die gehäuft die Form Passiv enthalten. Allerdings wäre es durchaus möglich, die Bilder ohne Passiv zu versprachlichen. Weder Bilder noch Texte erleichtern es den KT zu verstehen, wann das Passiv im Deutschen erforderlich ist. Ein selbstentdekkendes Regelfinden durch die KT wird so nicht unterstützt, sondern eher verhindert.

Auf dem Flughafen

Hier am Schalter werden die Flugreisenden abgefertigt. Hier werden die Flugscheine abgegeben, dann wird das Gepäck auf die Waage gestellt und gewogen.

Der Gepäckschein wird an die Flugkarte und ans Gepäck geheftet. Danach werden die Bordkarten ausgegeben.

Bei der Paßkontrolle werden die Pässe kontrolliert und anschließend das Gepäck.

Danach warten die Flugreisenden im Transitraum. Schließlich wird die Maschine mit der Flugnummer und dem Flugziel aufgerufen.

Am Ausgang zum Flugfeld werden die Bordkarten wieder eingesammelt. Die Reisenden gehen auf das Flugfeld zu ihrer Maschine oder werden mit einem Bus dorthin gebracht.

Abschnitt 1   15

Auch anschließend an die Einführungssequenz wird das Passiv nur in seiner formalen Bildung erklärt. Den KT wird vermittelt: durch Umformung des Aktivs erhält man Passiv. Es wird also unterstellt: Passiv ist lediglich eine andere Ausdrucksweise für denselben Sachverhalt. Die Lernschwierigkeit ist gerade beim Passiv nicht die Form (werden + Part.Perfekt), sondern der Inhalt: also wann benutzt man es, was drückt es aus?

Bildung des Passiv Präsens

werden + Partizip Perfekt

Übung 5   *Bilden Sie die Passivformen!*

das Gepäck wiegen: Das Gepäck wird gewogen.

1. die Flüge aufrufen **2.** die Bordkarten ausgeben **3.** die Bordkarten wieder einsammeln **4.** die Pässe kontrollieren **5.** das Geld umtauschen **6.** die Fluggäste abfertigen **7.** das Rauchen einstellen **8.** die Passagiere begrüßen **9.** die Passagierliste zusammenstellen **10.** Formalitäten erledigen **11.** viel Zeit sparen

Zustands- oder Vorgangspassiv?

Entscheidend für den Gebrauch des Passivs ist der Verwendungszusammenhang: Welche Perspektive wähle ich, d.h. welchen Ausschnitt eines Geschehens hebe ich hervor? In dem folgenden Bildbeispiel sehen wir eine Abfolge von Handlungen. Der Friseur schneidet die Haare, die Frau liest Zeitung. Sie bekommt die Haare geschnitten. Ihre Haare werden geschnitten. Unten sehen wir das Ergebnis: die Haare sind geschnitten. Anschließend geht die Frau sichtlich zufrieden mit ihrer neuen Kurzhaarfrisur weg.

Zeichnung: Schuckall nach einer Idee von Frau Dr. Gabriele Landwehr

Diese Übung sollte nach Möglichkeit im Plenum über OHP oder ein Plakat gemacht werden, um die folgenden didaktischen Möglichkeiten möglichst plastisch zu demonstrieren.

Wenn wir nun eine Blende anfertigen, die sich über das Bild führen läßt, so können wir jeweils verschiedene Ausschnitte des Bilds hervorheben. In Ausschnitt 1 steht der Friseur im Vordergrund. Er schneidet die Haare. Wessen Haare, ist hier nicht relevant.

Im Ausschnitt 2 steht "das Opfer" im Zentrum. Ihre Haare werden geschnitten oder: sie bekommt die Haare geschnitten. Der Verursacher der Handlung ist im Moment uninteressant. Wenn wir die Blende noch ein wenig nach oben schieben, so daß weder der Friseur noch die Frau im Zentrum der Perspektive stehen und allein der technische Vorgang erscheint, ist als Text allein die Passiv-Form möglich: diese Haare werden geschnitten.

Im Ausschnitt 3 sehen wir das 1. Ergebnis des Vorgangs, den erreichten Zustand: die Haare sind geschnitten. Sie liegen auf dem Boden. Das 2. Ergebnis sind die geschnittenen Haare, die neue Frisur.

Mit dieser Einführung wird den Lernern klar: bestimmte Sprachformen haben ihren Platz in bestimmten Verwendungsweisen. Es gibt zudem oft Ersatzformen, die dieselbe kommunikative Leistung haben. Statt der Passiv-Form können wir auch oft die "man"-Form wählen.

3.3.2 Weitere visuelle Verstehenshilfen bei der Grammatikvermittlung
3.3.2.1 Konkrete bildliche Verstehenshilfen

Bildliche Darstellungen können helfen, die Bedeutung und die Funktion eines Grammatikteilgebiets zu veranschaulichen.

Die Zeichnung ist situativ eindeutig. Die Kundin kann sich nicht entscheiden, welche Tasche sie nehmen soll. Die Verkäuferin deutet auf verschiedene Taschen. Es liegt nahe, beim Versprachlichen des Bilds Demonstrativpronomen zu verwenden. Dabei wird einsichtig, dieses Sprachmittel hat eine "deiktische" Funktion: Man kann damit auf Dinge oder Personen hinweisen und das Gemeinte genauer bezeichnen.

Zeichnung: Schuckall

Anhand der Bilder kann konkret erklärt werden, wann das Perfekt am Platze ist. Auf dem ersten Bild ist es 3 Uhr. Dieter ist gerade dabei, seine Hausaufgaben zu machen. Um halb fünf ist er fertig. Er ist gerade weggegangen. Das Geschehen ist vorbei, aber noch ganz gegenwärtig.

Dieter	arbeitet		
Dieter	macht	Hausaufgaben.	
Dieter	hört	Musik.	

Dieter	hat		ge arbeit et .
Dieter	hat	Hausaufgaben	ge macht t .
Dieter	hat	Musik	ge hör t .

Deutsch hier 1982: 62

Für Anfänger meist schwer zu begreifen und auseinanderzuhalten: die Personalpronomen. Mit den Zeichnungen ist man unmittelbar "im Bild", was sie bedeuten und wie sie gebraucht werden. Zudem helfen solche kleinen Skizzen dem Behalten, man kann die Tafelzeichnung ins Vokabelheft übernehmen.

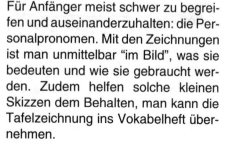

Konkrete bildliche Verstehenshilfen, die die formale Struktur eines Grammatikteilgebiets abbilden.

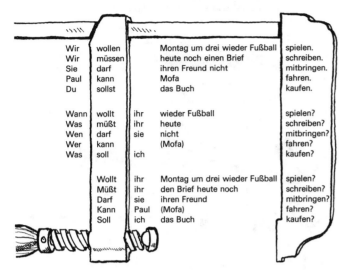

Wir	wollen		Montag um drei wieder Fußball	spielen.
Wir	müssen		heute noch einen Brief	schreiben.
Sie	darf		ihren Freund nicht	mitbringen.
Paul	kann		Mofa	fahren.
Du	sollst		das Buch	kaufen.
Wann	wollt	ihr	wieder Fußball	spielen?
Was	müßt	ihr	heute	schreiben?
Wen	darf	sie	nicht	mitbringen?
Wer	kann		(Mofa)	fahren?
Was	soll	ich		kaufen?
	Wollt	ihr	Montag um drei wieder Fußball	spielen?
	Müßt	ihr	den Brief heute noch	schreiben?
	Darf	sie	ihren Freund	mitbringen?
	Kann	Paul	(Mofa)	fahren?
	Soll	ich	das Buch	kaufen?

Deutsch konkret 1 1983: 82

Charakteristisch für die deutsche Sprache ist die Satzklammer bei den Modal- und den trennbaren Verben und dem Perfekt. Die Schraubzwinge veranschaulicht: Das Modalverb ist immer an 2. Stelle im Satz, am Ende steht ein Verb im Infinitiv.

b) Trennbare Verben

zurückfahren

Frau Maurer	fährt		zurück.
Frau Maurer	_____	heute	_____ .
Frau Maurer	_____	heute nach Köln	_____ .
Wann	_____	Frau Maurer heute	_____ ?
_____		sie heute von Paris nach Köln	_____ ?
_____		Sie am Abend mit dem Zug nach Köln	_____ !

Stufen 1 1986: 85

Die Schere visualisiert ein für Ausländer schwierig zu verstehendes Phänomen: zwischen die beiden Verbteile kann man viel reinpacken und trotzdem gehören sie zusammen.

Manchmal helfen Bilder beim Erklären von grammatischen Regularitäten. Hier erklärt das Bild: für dieses Phänomen gibt es keine strikte Regel. Das Lernen der Artikel als Lotteriespiel kann Spaß machen und dazu anregen, den Wortschatz von Anfang an zu sortieren und systematisch zu lernen. → S.62

Deutsch konkret 1 AB 1984: 14

3.3.2.2 Signale und Signalgrammatik

Farbe, Fettdruck, Einrahmungen, Pfeile sind Mittel, um Strukturmerkmale hervorzuheben. Durch die optische Verstärkung soll die Aufmerksamkeit auf bestimmte Gesetzmäßigkeiten gelenkt werden.

Die Signalgrammatik stellt also eine Verkürzung und Konkretisierung einer Regel dar, die nicht explizit formuliert wird, sondern von den KT selbst abgeleitet werden soll.

Die Signalgrammatik funktioniert allerdings fast nur auf der formalen Ebene der Bildung eines Sprachmusters, fast nie auf der pragmatischen Ebene des Gebrauchs und der Bedeutung. Sie ersetzt also nicht die systematische Einführung des Grammatikstoffs, kann aber den Verstehensprozeß unterstützen.

Signalgrammatische Darstellungen sind gute Hilfen bei der Selbstkorrektur und bei der Wiederholung von früher Gelerntem.

Deutsch aktiv Neu 1B 1987: 72

3.3.2.3 Abstrakte Zeichen, Bildsymbole

Auch hier wird eine Produktionsregel vermittelt: wie werden Sätze mit trennbaren Verben gebaut? Das Oval als Signal für "Verb" veranschaulicht die Position der Verbteile.

Den Satzteilen werden Symbole zugeordnet. So können verschiedene Satztypen abstrakt dargestellt und von den KT identifiziert werden. Deutlich wird besonders die Verbstellung. Mit solchen Satzbauplänen kann man sehr gut handlungsorientierte Übungen durchführen, bei denen die KT aus einem Puzzle Sätze zusammenstellen.

Deutsch aktiv 1 1979: 59

Deutsch aktiv Neu 1A 1986: 25

3.4 Aussprache und Intonation

Die Phonetik kommt in den meisten Lehrwerken zu kurz. Selbst zusammengestellte Bildmaterialien können diesem Mangel abhelfen. Das Bild vermittelt die Situation, den sprachlichen Handlungsrahmen und die angemessene Ausdrucksweise (Register). Gestik und Mimik der dargestellten Personen vermitteln die Atmosphäre und die Gefühlszustände, in denen die Personen sprechen. Beim Versprachlichen der Bilder die Lerner nicht lesen, sondern sie frei sprechen und die Intonation mit Gesten begleiten lassen. Dies hilft, den richtigen Ton zu treffen.

Mit unterschiedlicher Intonation drückt man bestimmte Bedeutungen aus. Diese Bedeutungsunterschiede zu erkennen, bereitet den Lernern häufig große Schwierigkeiten.

Deutsch aktiv Neu 1B 1987: 77

Deutsch aktiv 1 1979: 85   Deutsch konkret 1AB 1983: 73   Deutsch aktiv 1 1979: 81

Du gehst in die Schule!!!

Du gehst in die Schule?

Du gehst in die Schule!
(und fährst nicht)

Du gehst in die Schule?
(sonst fährst du immer)

Du gehst in die Schule!
(was die anderen machen, ist mir egal)
usw.

Entschuldigung?   Entschuldigung!   Ist das dein Hund?   Ist **das** dein Hund?

In dieser Bildgeschichte kippt die Handlung um. In dem Dialog der Beiden bedingen sich Situation und Intonation gegenseitig. Soll der Kampf mit Worten plausibel werden, muß die Sprache mit Gefühlswerten gefüllt werden: Untertänigkeit und autoritäres Gehabe. Langsam erwachendes Selbstbewußtsein und Sich- Einschüchtern-Lassen.

Feridun 1977: 30/31

3.5 Landeskundliche Bilder

3.5.1 Anforderungen an landeskundliche Bilder

Die Maßstäbe für landeskundliche Relevanz und Qualität von Bildern sind kaum lernergruppenübergreifend faßbar, außer in sehr allgemeiner Form. Sie hängen von den Erfahrungen und Erwartungen der Betrachter ab und von den Lernzielen, die KL damit verbinden. Über die Bilder soll ein Interesse an der Kultur und den Lebensweisen eines fremden Landes geweckt werden. Sie müssen demnach dazu geeignet sein, dieses Interesse zu erzeugen und eine Auseinandersetzung mit bestimmten Aspekten dieser Kultur anzuregen. Bilder sind dazu ein besonders geeignetes Medium, denn sprachlich ist es sehr schwierig "Fremdkulturelles für jemand zu beschreiben, der weder die kulturelle Situation noch den weiteren Kontext kennt." (Müller 1983: 269) Geeignete Filme wären ein ideales landeskundliches Mittel, sie sind jedoch für die meisten Unterrichtenden schwierig zu bekommen und einzusetzen (insbesondere ohne didaktischen Zeigefinger für den Unterricht bearbeitete landeskundliche Filme).

Bilder zeigen Verhaltensweisen und Alltagsleben nicht in Aktion, aber sie bieten den Lernern anschauliche Ausschnitte und können dazu dienen, eigenes Vorwissen, gemachte Beobachtungen auf das Dargestellte zu beziehen und mit Hilfe der KL zu erweitern.

Es gibt aus manchmal schwer zu durchschauenden Gründen Fotos oder Zeichnungen, die nicht zum Sprechen veranlassen, entweder weil die landeskundliche Botschaft allzu deutlich ist, weil sie keine oder zuviele Details enthalten, weil sie abschrecken oder ratlos machen. Viele Lehrbuchbilder sind zu glatt, zeigen nichts, was die eigene Erfahrung anspricht.

Fotos: Schuckall

Gute Bilder sollten für die Betrachter relevant sein, d.h. sie ansprechen. Sie sollten nicht zu weit jenseits der kulturellen und sozialen Erfahrung der Lerner sein. Zu Fremdes kann das Einbeziehen der eigenen Erfahrung verhindern. Sie sollten zu Vergleichen mit der eigenen Kultur anregen.

Anders als bei Bildern zur freien Äußerung geht es bei landeskundlichen Bildern nicht um das Freisetzen sprachlicher Phantasie. Sie sollten sich auf einen klar identifizierbaren Wirklichkeitsbereich beziehen, der von den Lernern erforscht werden kann. Edwards/Schlemper bezeichnen Fotos als für diesen Zweck besonders geeignet: "Das Photo, wo es Aspekte des gesellschaftlichen Lebens darstellt, hält einen 'Tatort' fest."

Edwards/Schlemper 1977: 29

Foto: Schuckall

Bei Fotos, jedenfalls bei solchen, die nicht nur Belangloses darstellen, sind außer den konkreten Einzelheiten noch abstrakte Aspekte zu sehen: Gefühle, Bräuche, Einstellungen.

Landeskundlich interessante Bilder sind eher Zufallsfunde in Zeitschriften als Bestandteile von Lehrbüchern. Oder man geht selbst auf Motivsuche.

Zeichnungen wirken im Landeskundeunterricht manchmal weniger objektiv. Mit ihnen lassen sich aber Tatbestände darstellen, für die eine fotographische Darstellung meist nicht verfügbar wäre, weil sie dem Intimbereich des Menschen angehören.

Sichtwechsel 1986: 77

Abgesehen von der landeskundlichen Relevanz sollten Bilder aber auch offen sein, also nicht nur schnell identifizierbare Information, sondern auch Deutungsdimensionen enthalten. Relevant ist oft auch das, was nicht erwähnt oder nicht zu sehen ist. In dieser (türkischen) Dorfszene sind nur Männer zu sehen. Wo sind die Frauen und was machen sie? Unser Klischee von der Rollenverteilung in der orientalischen Gesellschaft ist, daß die Frauen aus der Öffentlichkeit und ins Haus verbannt sind. Ebenso richtig wäre aber die Deutung, daß die Männer auf die Straße verbannt sind.

Foto: visum/Gerhard Krewitt

Oft enthalten Lehrbuchbilder landeskundliche Details, die auf den ersten Blick nicht auffallen. Diese Collage aus Foto, Zeichnung und authentischer Drucksache ist als Übungsvorgabe gedacht und regt zu landeskundlichen Betrachtungen an. "Trinkhalle" ist eine Einrichtung, die es in dieser spezifischen Form nur in Deutschland gibt. Oft entdecken aber die KT noch viele weitere Details, die dem KL gar nicht aufgefallen sind.

Deutsch aktiv Neu 1A 1986: 34

Bilder eignen sich, interkulturelle Probleme und Mißverständnisse darzustellen. Erst allmählich zeigen die Lehrbuchbilder (der meist muttersprachlichen Autoren) mehr die Perspektive des Fremden. Fritton (1985: 38) hat exemplarisch eine Bildergeschichte analysiert, in der ein interkulturelles Mißverständnis dargestellt ist.

Die Bildergeschichte behandelt das Aufeinandertreffen unterschiedlicher Erwartungen, Sitten und Rituale bei Einladungen[4] Sie zeigt, daß Kommunikation auch bei guten Sprachkenntnissen danebengehen kann, wenn Worte und Sätze rein sprachlich zwar verstanden, auf Grund unterschiedlicher soziokultureller Normen jedoch verschieden interpretiert werden. Das Beispiel zeigt auch, daß Semantisierung die Dimension des soziokulturellen Hintergrunds miteinschließen muß. So kann eine Aufforderung "zuzulangen", wenn sie nicht häufig genug wiederholt wird, in einem entsprechenden Kontext das Gegenteil signalisieren.
In der abgebildeten Bildergeschichte sollen starre deutsche Umgangsformen relativiert werden. Für türkische Lerner z.B. erscheint sie jedoch ungewollt gegenläufig, wie wir in unserem Unterricht feststellen mußten. Die Perspektive der Geschichte ist die des deutschen Paars, das das Verhalten ausländischer Gäste kommentiert.[5] Die intendierte Ironie wird für türkische Lerner aus den Bildern nicht deutlich.[6] So mißverstanden unsere Teilnehmer die Geschichte spontan als Kritik des deutschen Lehrbuchs an ungenügender Anpassungsfähigkeit der ausländischen Gäste. Das produzierte verständlicherweise Widerstand gegen die Geschichte und gegen das Buch und blockierte den weiteren Lernprozeß.

Fritton 1985: 38

Bei einem Abendessen zeigen sich die verschiedenen Erwartungen bzw. Einstellungen, werden aber nicht thematisiert. Im Unterricht hätte man aber die Möglichkeit, die unterschiedlichen Einstellungen zum Thema zu machen und dann die entsprechenden Redemittel einzuüben.

Herr und Frau Blaschke bekommen Besuch von ausländischen Gästen. Die Gäste bringen noch 2 Freunde mit. Damit haben Blachkes nicht gerechnet!

Frau Blaschke hat Angst, daß sie zu wenig gekocht hat.

Frau Blaschke bietet ihren Gästen zu essen an. Aber die sagen, daß sie keinen Hunger haben. Blaschkes sind ratlos!

Frau Blaschke bietet den Gästen noch einmal zu essen an; aber die danken wieder. Da deckt sie den Tisch ab. Ihr Mann holt jetzt was zu trinken.

Nach 3 Stunden sind Blaschkes wieder allein.

Deutsch hier 1982: 147

In einem weiteren Lernschritt kann man dann auch auf die Gestik und Mimik eingehen, die ja für jeden Fremdsprachenlernenden auch Teil seiner landeskundlichen Kompetenz sein soll. Die pragmatische Seite der nonverbalen Kommunikation ist je nach kulturellem 'Abstand' zwischen der Ausgangs- und der Zielkultur ein mehr oder weniger großes Lerngebiet, das sich – da nonverbal – oft nur über visuelle Kanäle darstellen läßt.

Gegen eine Darstellung allein aus der Perspektive der Ausländer spricht in diesem Fall, daß beide Sehweisen wichtig sind und daß es nicht nur – wie Fritton meint – um eine Kritik an starren deutschen Verhaltensweisen geht. Zum Kennenlernen und Überwinden solcher kultureller "Stolpersteine" müßten beide Sehweisen dargestellt sein. Diese doppelte Perspektive erscheint in vielen Erfahrungsberichten und Bildern von Ausländern, die in einer fremden Kultur leben, z.B. bei Autoren und Malern der sogenannten "Gastarbeiter-Kultur":

Die Deutschen

Die Deutschen!
Das Seltsamste an Deutschland ist,
daß hier Männer Kinderwagen schieben,
daß Radios so billig und Teppiche so teuer sind
und daß den ganzen Tag Kirchenglocken bimmeln.

In Deutschland dachte ich zu Anfang, hier würden
den Leuten Hunde geboren anstatt Kinder.

Denn sie haben viele Hunde
und tragen sie auf dem Arm.
Hunde und Katzen
leben wie Könige in Deutschland.

In Deutschland gibt es Leute, die haben Geld
und sehen trotzdem traurig auf die Erde.
Sollen sie doch den Kummer denen überlassen,
die kein Geld haben.
Die Deutschen sind pünktlich wie die Eisenbahn.

Das kommt daher,
daß sie nur ein Gleis kennen,
nie vom Weg abgehen,
kein Unkraut, keine Blumen
in den Seitenwegen pflücken.

Sie fahren immer geradeaus,
sind pünktlich wie die Eisenbahn
und nehmen nichts wahr.

Mustapha el Hajaj 1969

Ugur Durak

Gleich auf der ersten Seite von "Deutsch aktiv 1" (1979) findet sich, so Hieber, "ein Beispiel dafür, wie unbedacht Fremdheitsbarrieren bereits in Anfangslektionen von Lehrwerken einfließen... Dialoge, gewürzt mit affektiven Äußerungen,

○ Hallo, Paul!
● Mensch, Fernando!
   Wie geht's?
○ Gut, alter Freund.

Deutsch aktiv 1 1980: 1

wirken sprechüblich, motivierend, unterhaltsam, lebendig. Sie sind aber auch voll mit versteckten Fußangeln für interkulturelle Verständigung":

"Für einen Japaner, Chinesen oder Inder ist diese Begrüßungsszene – ohne Kommentierung – unverständlich. Die scheinbar verdeutlichende Zeichnung verwirrt eher noch: 'Haben die einen Streit? Die gehen ja wie die Wilden aufeinander los!'. Semantisch sind 'Mensch' und 'alt' so situationsspezifisch geladen, daß von der Grundbedeutung kaum noch etwas übrigbleibt." *Hieber 1983: 187*

Hieber weist auf die Notwendigkeit einer Progression landeskundlicher Schwierigkeiten hin, die in den meisten Lehrbüchern ignoriert werde. Er geht der Beobachtung nach, warum in vielen Ländern und für viele Lerner/innen nach wie vor ein so 'altmodisches' Lehrbuch wie Schulz-Griesbachs "Deutsche Sprachlehre für Ausländer" so beliebt ist, und kommt zu dem Schluß, daß z.B. für ostasiatische Deutschlehrer- und Lerner/innen die Inhalte vieler neuerer Lehrwerke zu fortschrittsorientiert seien. "Da ist die Rede vom Sinn der Arbeit, von Aufbau und Fortschritt" während Schulz/Griesbach "keine unüberwindlichen Verständnisschwierigkeiten" und keine "ungeglätteten Ausschnitte aus einer fremden sozialen Umwelt" bietet. Hieber schlägt daher vor, im Deutschunterricht für kulturell sehr ferne Zielgruppen mit Themen und Texten zu beginnen, die große Nähe zu Eigenkulturellem haben.

"Eine Progression vom Eigenkulturellen zum Fremdkulturellen, von vertrauten und auf die eigene Situation übertragbaren Themen zu Themen, die nur noch sehr wenig mit der vom Lerner erfahrbaren Welt zu tun haben, ist eine Garantie dafür, daß nicht gleich im Anfangsstadium eine unkontrollierte Häufung von Schwierigkeiten auftritt." *Hieber 1983: 184*

3.5.2 Landeskunde und ihre Umsetzung in einigen Lehrwerken

Landeskunde wird mit hochfliegenden Lernzielen befrachtet. Ihre Umsetzung in Lehrbüchern bleibt häufig karg. Sie soll Verständnis für abweichende Verhaltensweisen, Sitten und Gebräuche wecken, stereotype Vorstellungen abbauen und darüberhinaus den KT erst ein Bewußtsein ihrer eigenen Kultur auf dem Hintergrund der fremden eröffnen. Als übergreifendes Lernziel wird "vorurteilsfreie Aufgeschlossenheit" angestrebt.

Landeskundliche Lernzielbeschreibungen in verschiedenen Lehrbüchern ähneln einander. In der Umsetzung in konkrete Unterrichtsmaterialien zeigen sich jedoch große Unterschiede. Meist wird der in den methodisch-didakti-

schen Hinweisen aufgestellte Anspruch durch die Materialien nicht eingelöst.

In Lehrbüchern der 60er und 70er Jahre erschien Landeskunde meist als ein separater Block und sollte implizit in Situationen vermittelt werden: zwei deutsche Dialogpartner/innen agieren im Restaurant, beim Einkaufen, am Bahnhof etc. Die KT sollen in die vorgegebenen Rollen schlüpfen und sie sprachlich möglichst genau nachahmen. Hierbei wird von ihnen verlangt, daß sie "Sachverhalte bezeichnen oder erfragen lernen, die für sie im Kindergarten oder Grundschulalter bedeutsam waren." *LHR Deutsch aktiv, 1979*: 127

Während sich Landeskunde im Inland auch anhand von Materialien betreiben läßt, die beschönigen oder verfälschen, weil der Unterschied zur Wirklichkeit augenscheinlich ist und im Unterricht thematisiert werden kann, ist das Lehrbuch im Ausland manchmal das einzige landeskundliche Referenzmittel. Bilder übernehmen dabei die Funktion des direkten Anschauungsmaterials. Besonders DaF- Lehrwerke der "Wir-sind-wieder-wer-Ära" zeichnen ein helles, freundliches Bild der Bundesrepublik, deren Bewohner meist im Milieu der gehobenen Mittelschicht agieren.

Das bereits auf S.18f besprochene Bild stammt aus einem überarbeiteten und besonders im Bildteil modernisierten Lehrbuch der 60er Jahre. Unmißverständlich die 'Umwelt': ein deutsches Wohnzimmer, gehobener Mittelstand, schwere Möbel, Ledersessel, große Altbauwohnung, Durchblick ins andere Zimmer. → S.18f.

Deutsch als Fremdsprache 1A 1978: 132

Die Autoren haben für die Illustration des Lehrwerks absichtlich Fotos gewählt:

"Fotos vermitteln konkrete Vorstellungen von der Art der Umwelt und des spezifischen Verhaltens der Menschen in solchen Situationen. Sie vermitteln ... den Eindruck realer Situationen, konkreter Umweltfaktoren, konkreter Verhaltensweisen."
Braun 1971: 119

Das Bild entstammt einem 12 Jahre später (1983) erschienenen Lehrwerk. Der Kontext ist der gleiche, aber den Bundesdeutschen geht es inzwischen materiell offensichtlich noch besser. Als landeskundliche Information zum Bild und zum dazugehörigen Dialog gibt das Lehrerhandbuch folgende Hinweise:

"In Deutschland lädt man im allgemeinen zwischen 19 und 20 Uhr zum Abendessen ein. Ist die Einladung für einen späteren Zeitpunkt angegeben, kann man davon ausgehen, daß kein warmes Essen, sondern nur Getränke und Kleingebäck angeboten wird ... Es ist in Deutschland üblich, bei einer Einladung dem Gastgeber eine Kleinigkeit mitzubringen (Zigarren, Blumen, Konfekt, Wein, oder etwas Persönlicheres: Briefmarken, ein Buch usw., wenn man Vorlieben oder Hobbys des Gastgebers kennt." *Gerdes u.a. 1985: 112,141*

Themen I 1983: 52

Wie austauschbar manche Lehrbuchbilder sind und wie arm an landeskundlicher Information (trotz Vierfarbdruck und guter Druckqualität) zeigt das folgende Bild aus einem Französisch-für-Deutsche-Lehrbuch (Erscheinungsjahr 1978).

Wieder das soziokulturell gleiche Milieu, allenfalls die Andeutung eines Kamins im Hintergrund ist ein eventueller Hinweis auf ein französisches Wohnzimmer.

Sprachkurse sind meist schon vom zeitlichen Rahmen her zu beschränkt, um ein tieferes Eindringen in kulturelle Muster eines fremden Landes zu ermöglichen. Es ist wahrscheinlich eine Illusion zu erwarten, daß die Landeskunde zu einem wirklichen Verständnis des Fremden führt. Was der Unterricht und die ihn mittragenden Unterrichtsmaterialien ermöglichen sollten, sind die Bereitschaft und die offene und ehrliche Einstellung zum Problem des gegenseitigen Verstehens. Dazu können Texte, aber auch Bilder und Zeichnungen im Sprachunterricht viel beitragen.

A bientôt I 1978: 78

4 Kleiner Zeichenkurs für Lehrer/Innen

Mindestens ebenso wichtig wie die fertigen Bilder in den Lehrwerken oder den begleitenden Unterrichtsmaterialien ist es für die KL, selbst Zeichnungen anfertigen zu können. Neben allen modernen Unterrichtstechnologien bleibt die Tafel immer noch wichtigstes Medium und 'Werkzeug' für die KL.

Gliederung

4.1. Der Kopf 115

4.1.1 Aufbau des Gesichts 115

   ○ Von der kleinen zur großen Freude 119

   ○ Vom Ärger zum Zorn 121

   ○ Mischformen 122

4.1.2 Der Kopf in Bewegung 125

4.2 Kopf und Körper 129

4.2.1 Verbindung von Mimik und Körperhaltung 129

4.2.2 Gestik, Körpersprache und Kommunikation 131

4.3 Der Körper 134

   ○ Aufbau von einfachen Figuren 135

4.3.1 Bewegung 135

4.3.2 Figuren und Gegenstände 138

4.4 Exkurs in Details 145

4.4.1 Die passende Frisur für Ihren Typ 145

4.4.2 Immer der Nase nach 147

4.4.3 Ein schwieriges Kapitel: Hände 147

4.5 Situationen 149

Der Zeichenkurs ist ein Selbstlernprogramm. Man könnte den Kurs aber genauso mit den Kollegen oder auch mit den Lernern machen, schließlich gibt es in einem kommunikativen und modernen Sprachunterricht für beide Parteien vieles, was man sich gegenseitig mitteilen möchte, wie wir bei den vorgehenden Kapiteln gesehen haben.

"Bei vielen Seminaren haben wir die Erfahrung gemacht, daß die TN mit sichtlichem 'Schrecken' den praktischen Teil, also den im Programm 'Zeichenkurs', oder 'praktische Unterweisung' genannten Teil eines Seminars oder Fortbildungsveranstaltung erwarten, in wenigen Fällen sich sogar vorher verabschiedet haben.

Bei der zur Auflockerung dienenden Kennenlernphase vor solchen Veranstaltungen versicherten mir die meisten TN ihre Unbegabtheit, was das Zeichnen, das immer mit dem Malen gleichgestellt wird, betrifft. Zwar hat man/frau immer mal Versuche gemacht, aber die dienten eigentlich nur der Bestätigung der eigenen Unbegabtheit."

In solchen Veranstaltungen ist es natürlich besonders wichtig, die Gruppensituation als Motivation zu nutzen, bzw. den Zeichenkurs so anzulegen, daß auch die notorisch "Unbegabten" zu ihrem Erfolgserlebnis kommen.

Wichtig ist auch zu sagen, daß nie ein Grad der Perfektion, ein Kurs mit Zertifikat, angestrebt wird. Selbst wenn man später gar nicht zeichnen will, kann der Kurs helfen, Rückschlüsse auf die Herstellung von Bildern zu ermöglichen und so dazu beitragen, die Auswahl von didaktischem Material zu verbessern.

Da im Klassenzimmer die Tafel wichtigstes Werkzeug ist, sollten wir auch nach Möglichkeit an der Tafel üben. Das flüchtige Tafelbild wird auch nachher weggewischt, reduziert den Kunstwert zugunsten des Gebrauchswerts, kann schnell korrigiert oder wiederholt werden.

Zu Hause kann man den Kurs auch mit Papier und Bleistift, Kugelschreiber oder Filzstift machen. Wer auf größere Formate gehen will, kann auch Packpapier verwenden.

Noch ein Tip zum Anfang:

In den erwähnten Kursen sieht man oft Leute, die sehr klein zeichnen, vermutlich damit keiner sieht wie "unbegabt" man ist...

Also möglichst groß zeichnen, unser künftiges Betätigungsfeld ist die Tafel!

4.1 Der Kopf

Am schnellsten und deutlichsten sieht man bei Gesichtern, ob sie stimmen, welchen Ausdruck sie haben. Sie erzielen bei jugendlichen oder erwachsenen Schülern auch die größte Bewunderung, bzw. spontane Äußerungen.

Je einfacher eine Zeichnung, desto leichter wird sie rezipiert, desto leichter wird sie erstellt, desto leichter läßt sie sich variieren, ausbauen, wiederholen usw.

4.1.1 Aufbau des Gesichts:

Bevor wir individuelle Gesichtszüge und markante Kopfformen zu Papier bringen, bedarf es einiger Überlegungen zur Mimik. Trotz unterschiedlicher Physiognomie "funktioniert" Mimik immer gleich.

Das probieren und studieren wir am besten an einfachen Darstellungen des menschlichen Gesichts und suchen eine entsprechende Form.

Geometrische Grundformen sind leicht zu zeichnen, sind
aber nicht alle gleich gut geeignet, 'Träger' von unseren
mimischen Experimenten zu sein:

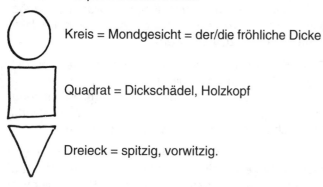

Kreis = Mondgesicht = der/die fröhliche Dicke

Quadrat = Dickschädel, Holzkopf

Dreieck = spitzig, vorwitzig.

Die geeignetste Form in dieser Sammlung ist das Oval,
das 'Ei'. Diese Form ist am einfachsten zu zeichnen und
ist die neutralste, d.h. variabelste Basis für unsere mimischen Studien. Günstig auch deshalb, weil fast immer
beim Versuch, einen Kreis an die Tafel zu zeichnen, ein
Oval entsteht.

Was braucht nun das Oval, damit ein Gesicht entsteht?
Augen, Nase, Mund, was noch?

Na ja, ein bißchen schief geraten – vielleicht erst mal der
Reihe nach, und wir überlegen einen grundsätzlichen
Aufbau des Gesichts.

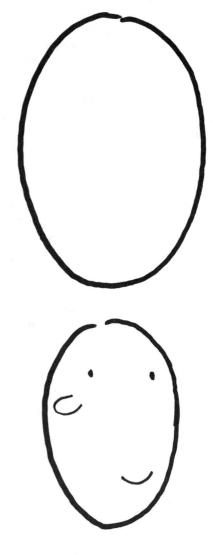

Um mehr Sicherheit bei der Placierung der einzelnen
Gesichtsteile zu bekommen, benutzen wir anfangs Hilfs-
linien.
Wir unterteilen das Oval der Länge nach und erhalten

eine Mittelachse, die das Gesicht in zwei Hälften teilt. In
der Mitte dieser Linie sitzt die Nase (also mitten im Gesicht), die wir zunächst als einfache gebogene Linie, wie
ein "U" zeichnen.

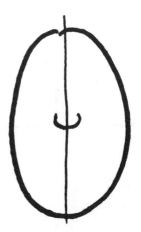

Teilen wir nun das Oval horizontal auf der Höhe des oberen Drittels, so erhalten wir die Augenlinie. Für die Augen genügen zwei Punkte:

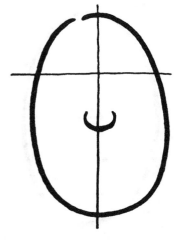
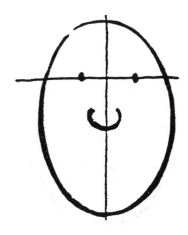

Teilen wir auch in Höhe des unteren Drittels das Oval, so erhalten wir die Mundlinie. Für den Mund genügt ein Strich.

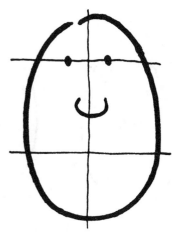
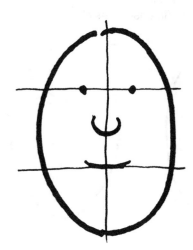

Natürlich ist das menschliche Auge kein Punkt, sondern schaut "naturalistisch" gezeichnet eher so aus:

Aber unser Punkt ist viel einfacher und wir werden sehen, daß wir damit jeden Blick darstellen können. Auch der Mund ist beim Menschen mehr als ein Strich –

aber für unsere mimischen Studien viel geeigneter, weil – ich wiederhole mich – schnell, einfach zu zeichnen und sehr aussagekräftig, wie wir gleich sehen werden.

Fehlt noch die Nase, die wir fürs erste auf ein "U" reduzieren.

Welche Teile braucht das Gesicht und welche Teile bilden Ausdruck?

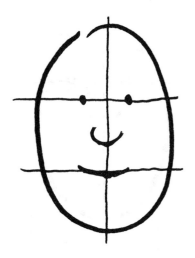

Dafür haben wir im oberen Drittel Platz und zeichnen diese mit zwei Linien, die gerade oder gebogen sein können und schon erhält unser Gesicht Ausdruck. Wie-

Im Moment schaut unser Gesicht noch ziemlich langweilig aus, etwas Entscheidendes fehlt:

Die Augenbrauen

viel man allein durch Lage und Art der Augenbrauen 'zum Ausdruck' bringen kann, zeigt die folgende Reihe von Köpfen:

Verändern wir auch den Mund, so erhalten wir unzählige Ausdrucksmöglichkeiten:

 Merke: Augenbrauen und Mund sind Ausdrucksträger für Mimik!

Ordnen wir die eben gesehenen Möglichkeiten des Ausdrucks – wir wollen ja nicht nur zufällige mimische "Entgleisungen" zeichnen – so sehen wir, daß diese planbar sind und nach Regeln funktionieren.

Von der kleinen zur großen Freude:

 **Merke:** Eine nach oben gebogene Linie stellt Freude, Freundlichkeit, usw. dar.
Kleine Linie = kleine Freude,
Große Linie = große Freude

Die Länge der Mundlinie hängt also mit der Größe der Emotion zusammen.
Versuchen wir gleich noch ein paar Varianten:

Mund aus der Mittelachse, wirkt wie "Grinsen"   Ganz kleiner Mund wirkt sehr brav, schüchtern.

Die Linie stellt immer einen geschlossenen Mund dar. Soll unser 'Smily' aber lachen, also nicht nur stumm lächeln, sondern laut vernehmbar, brauchen wir eine zweite Linie, quasi für Ober- und Unterlippe.

Wir befolgen dabei die obige Regel und erhalten unterschiedlichste, lachende Münder ...

Der Abstand der beiden Mundlinien gibt die Lautstärke
an. Hören Sie?

Mit wenigen Strichen ändert sich vieles:

Setzt man anstatt der Augenpunkte Linien, sind die Augen
geschlossen, das Lachen steigert sich.

Mit Tropfen um die Augen lacht man Tränen...

Ein Linienraster im Mund wirkt sehr männlich,.... oder nicht?

Vom Ärger zum Zorn:

 **Merke:** Eine nach unten gebogene Linie stellt Ärger, Zorn (auch Betrübnis, Traurigkeit, wie wir später sehen werden) dar.
Kleine Linie = kleiner Ärger
Große Linie = großer Ärger, Zorn

Wie bei unserer Merkregel 'Smily' gilt hier genauso, daß die Größe/Länge der Linie mit der Größe der Emotion zusamenhängt.

Wird unser 'Smily' laut, d.h. soll sich unsere Figur schimpfend, nörgelnd, schreiend äußern, brauchen wir wieder eine zweite Linie, um den Mund zu öffnen.

Auch hier gilt, daß der größere Abstand zwischen den beiden Mundlinien größere Lautstärke assoziiert. Aber noch etwas steigert hier den Ausdruck, vor allem beim 'Schreihals' rechts: Die Augenbrauen! (schon wieder).

Deren Funktion für die Mimik wollen wir uns mal näher betrachten:
Wie wir gesehen haben, bringen die Augenbrauen sehr viel Ausdruck in die Mimik.
Strukturiert könnten wir uns wieder folgende Regel merken:

Entfernen sich die Brauen von den Augen, entsteht der Eindruck des "Aufmachens", der Blick wird offener, neu-

gieriger, erstaunter, strahlender, usw. In jedem Fall sehr kommunikationsbereit.

Nähern sich dagegen die Brauen den Augenpunkten, so scheint das Gesicht "zuzumachen", der Blick verfinstert sich, der Blick geht nach innen, alles in einer ziemlich aggressiven Weise: blindwütig....

Mischformen der Grundausdrücke:

Kombiniert man nun die verschiedenen Phasen der freundlichen, bzw. unfreundlichen Gesichter miteinander, so entstehen ganz eigene Ausdrucksformen:

lachender Mund + unfreundliche Augen = Schadenfreude

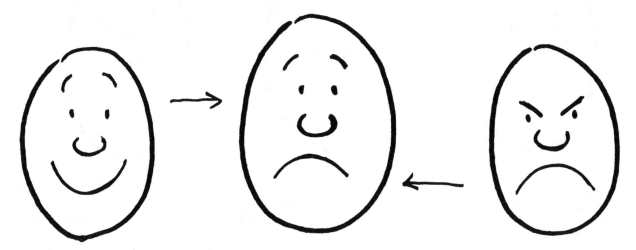

freundliche Augen + ärgerlicher Mund = bedrückt, traurig

Am besten wir üben gleich mal mögliche Mischformen:

AUFGABE Kombinieren Sie die jeweiligen Augen-brauen-bzw. Mundpartien der Gesichter von S. 118, 119 und 120, 121!

Wenn wir nun noch die verschiedenen Möglichkeiten der Stellungen der Augenbrauen miteinbeziehen, so verviel-fältigt sich unser mimischer Ausdruck immer mehr.

AUFGABE Spielen Sie mit den möglichen Entfernungen der Augenbrauen, setzen Sie diese in die mimischen Varianten ein.

Ergänzen Sie die fehlenden Teile:

AUFGABE

Finden Sie jetzt Begriffe, die den mimischen Ausdruck
beschreiben.

Dieser Mimik-Katalog zeigt sicherlich nur einen (Bruch-) Teil von möglichen Gesichtsausdrücken. Durch Kombination der jeweiligen Gesichtsteile lassen sich wieder neue Varianten herstellen.

Hier soll der Katalog mehr als Nachschlageraster dienen, das wir im Verlauf unseres Kurses noch ein paarmal aufgreifen werden.

4.1.2 Der Kopf in Bewegung

Bislang haben wir die Gesichtsausdrücke geübt, erfunden, variiert bei frontaler Ansicht des Kopfes, was einen Blick geradeaus nach vorne assoziiert. Grundlage unse-

rer bisherigen Gesichter war das im Drittel geteilte Proportionsraster.

Verschieben wir nun z.B. die Augenlinie nach oben, erhalten wir mehr Platz für den Mund und können damit die Lautstärke des jeweiligen Ausdrucks steigern.

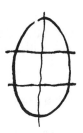
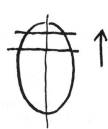

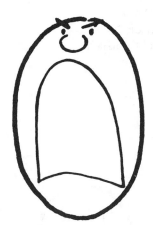
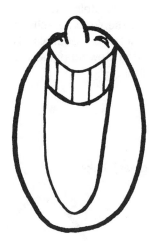

Beim letzten Kopf ist die Nase nach oben gestellt und es entsteht der Eindruck einer Bewegung nach hinten. Wandert die Augenlinie nach unten, so verschieben sich alle

Teile des Gesichts ins untere Drittel und wir assoziieren eine Bewegung nach vorne: traurig, niedergeschlagen, verlegen usw.

Kommunikation entsteht natürlich nur mit einem Gegenüber. Zwei Köpfe in gleicher Richtung bedeuten, daß die

Gesprächspartner/Innen über etwas außerhalb des Blickfelds reden.

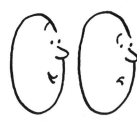

Unsere Höflichkeitskonvention besteht darin, daß man sein Gegenüber beim Sprechen ansieht, außer man verkracht sich ...

Im Folgenden wollen wir uns mit einfachen Bewegungen beschäftigen. Zuerst mit der seitlichen Drehung:
Der Kopf ist ja keine Scheibe, sondern ein dreidimensionales Gebilde. Stellen wir uns den Kopf als Globus vor, der um eine senkrechte Achse beweglich ist. Die Breitengrade dienen uns wieder als Gliederungslinien, die für die kommenden Bewegungsstudien anfangs recht nützlich sein können.

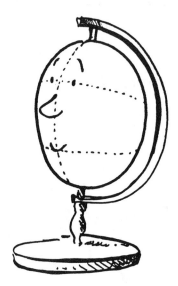

Drehung nach links:

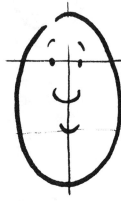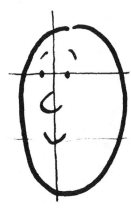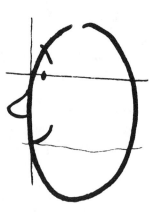

Drehung nach rechts:

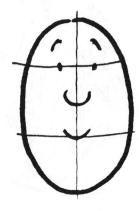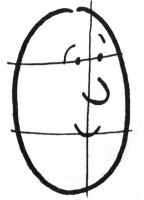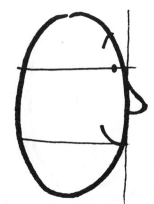

Setzen wir an den Kopf links und rechts noch zwei einfache Ohren, können wir mal eine volle Drehung um die Achse versuchen:

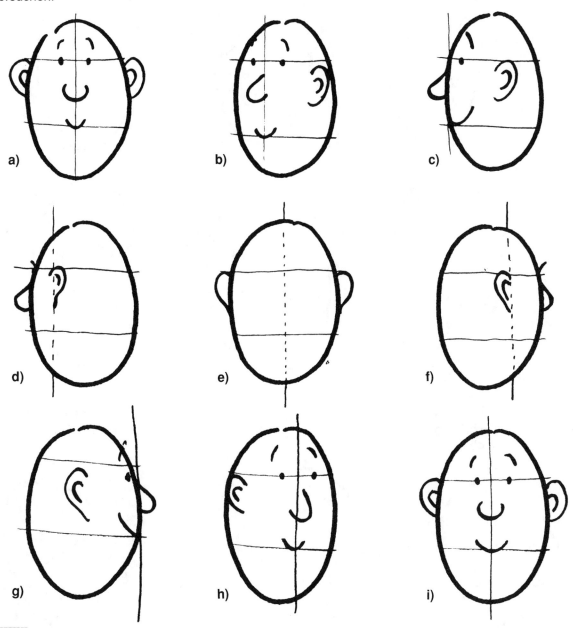

a)   b)   c)

d)   e)   f)

g)   h)   i)

AUFGABE   Üben Sie mit den mimischen Ausdrücken von S.124 die Drehung des Kopfes!

Zu schwer? Überhaupt nicht, alle mimischen Regeln behalten ihre Gültigkeit. Vielleicht ein nützlicher Tip: Beginnen Sie mit der Nase, die gibt dann die "Richtung" an und die anderen Teile folgen.

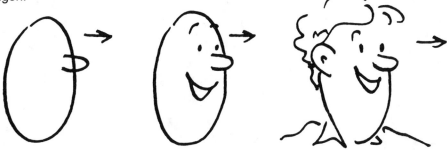

Füllen Sie bitte aus:

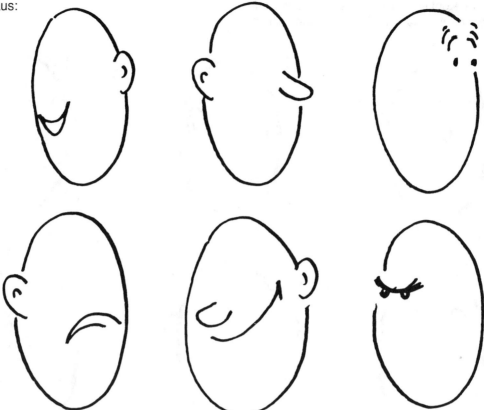

Jetzt wird's scheinbar kompliziert.

Verschieben wir unsere "Globus"-Achse aus der Senkrechten, so ergibt die Schräglage sowohl einen Blick nach unten, wie auch nach oben. Je nachdem wie schräg die

Achse liegt, desto 'schräger' werden die Bewegungen – aber immer kontrollierbar mit Hilfe des Breiten-/Längenrasters:

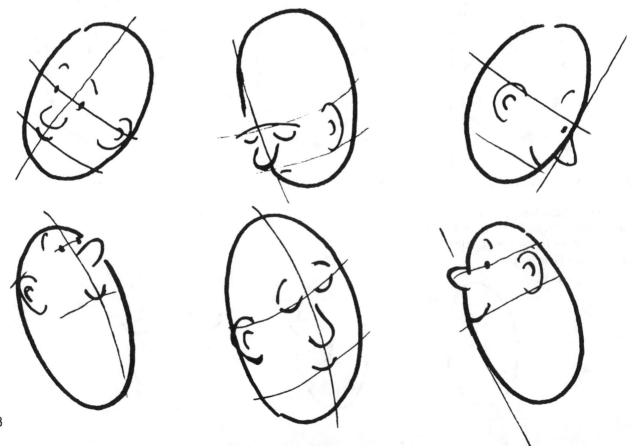

Aufgaben: Versuchen Sie einmal, folgende Köpfe zu zeichnen:

- Vogelflug beobachten
- Schiedsrichter beim Tischtennis
- Zwei Personen fangen Streit an
- Eine Person wird verlegen
- Eine Person sucht etwas
- Skizzieren Sie kleine Szenen, bei denen Leute reden, lachen, streiten!

4.2 Kopf und Körper

Für unsere Zeichnungen wollen wir prinzipiell einfache Formen wählen, aber als Grundstruktur menschliche Proportionen beibehalten. Geht es bei der anatomisch 'richtigen' Zeichnung um die Abbildung einer Körperhaltung, so wollen wir zunächst den Körper (im Moment erst einen Teil davon, die Schulter- und Brustpartie) als zusätzliches Ausdrucksmittel nutzen.

Das Plazieren des Kopfes auf den Schultern dient uns als Erweiterung und Steigerung unseres mimischen Repertoires hin zur Körpersprache.

4.2.1 Verbindung von Mimik und Körperhaltung

Das läßt sich am besten an einem Beispiel darstellen:

Der bloße Gesichtsausdruck ist schon ziemlich "müde", aber eine Steigerung ist durch das stufenweise Einsinken des Kopfes zwischen die Schultern zu erreichen. Die

Spannkraft läßt nach und der Kopf rutscht nach unten, wie das Schema zeigt.

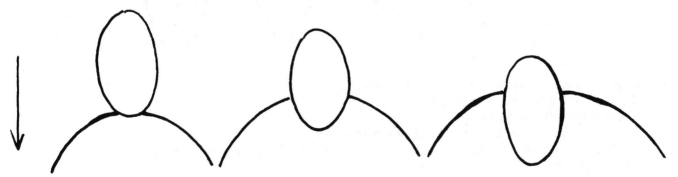

So ist fast jeder mimische Ausdruck durch eine entspre-chende Körperhaltung (momentan noch auf die Schulter-partie reduziert) zu steigern.

Blättern wir zurück zu unserer Mimik-Musterseite (S. 124) und machen eine Probe:

schadenfroh   erstaunt

stolz   schüchtern

AUFGABE Im Beispiel wird ein/-e zunächst aufmerksamer Zuschauer/In bzw. Zuhörer/In immer müder.

Versuchen Sie, solche Entwicklungsreihen zu zeichnen:
- Ziehung der Lottozahlen, wieder keine Richtigen
- Ziehung der Lottozahlen, diesmal 6 Richtige
- eine Person wird immer böser und fängt zu schimpfen an
- ein Witz: jemand braucht eine Zeit, um die Pointe zu verstehen, lacht dann aber umso herzlicher
- die traurige Nachricht,...

Zum "Warmzeichnen" haben wir nur die einfacheren Frontalansichten gewählt. Viel spannendere Situationen können wir natürlich herstellen, wenn wir die Figuren (man kann sie jetzt schon fast so nennen) miteinander kommunizieren, aber auch nonverbal agieren lassen.

Jetzt ziehen wir nochmal das Schema für die Drehungen des Kopfes von S.127 zu Rate und stellen Partner/Innen zusammen:

4.2 Gestik, Körpersprache, Kommunikation

Allein aus dem Spielen mit möglichen Formen entstehen Konstellationen, die wir später bewußt einsetzen können für bestimmte Situationen: Chef – Untergebener, Mutter – Tochter, gute Bekannte – schlechte Bekannte, usw.

Also: Üben – Üben – Üben – Üben

Nachdem wir nun etwas Sicherheit und Erfahrung haben, können wir auch einmal an den Aufbau einer kleinen Geschichte gehen: Das passiert wohl jedem einmal .... Sie sitzen in einem Restaurant und die Suppe schmeckt nicht.*

* Die beiden Beispiele sind von 'ungeübten' Lehrern aus einem "Zeichnen an der Tafel"-Seminar

Je nachdem wie eine Situation dargestellt werden soll, muß man die Anlage der Zeichnung aus einer Grundskizze aufbauen:

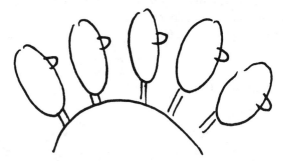

Sehen wir mal, wie der Koch die kulinarische Kreation riecht! Um den Koch in den Topf riechen zu lassen, muß natürlich die Nase über den Topf bzw. in die Duftwolken gezeichnet werden.

Riecht die kulinarische Kreation gut oder schlecht, das definiert die Mimik:

Zwischen den beiden Bildern wurde natürlich nachgewürzt.....

Bei "Schlangenfraß" weicht selbst der hartgesottenste Koch zurück. Die Anlage der Zeichnung dient nur als Skizze, die mimische Ausführung bleibt Ihnen überlassen....

Kombinieren wir nun die Vorwärts- und Rückwärtsbewegung, so können unsere beiden Köche ruhig den Brei verderben....

Die Pointe setzt jedoch die Mimik!

Der normale Abstand zwischen zwei Gesprächspartner/innen (in unserem Kulturkreis! – das verändert sich

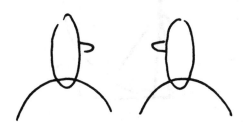

Eine Bewegung der Figur links, wird als "sich wenden an" gedeutet, also die Initiative zur Kommunikation geht von der linken Figur aus. Der weitere Ablauf des Dialogs wird nun entweder durch Bewegung und/oder Mimik bestimmt.

schon in südeuropäischen Ländern), könnte als Ausgangsskizze so angedeutet werden:

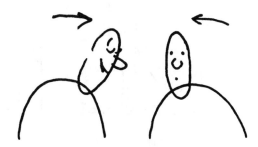

Im folgenden Beispiel entsteht der Gag, auch ohne daß bereits ein Text in den Sprechblasen erscheint, durch die Bewegung der Figuren/Personen zueinander.
Der Abstand der beiden Gesprächpartner ist so nah, daß es nicht mehr um eine bloße Mitteilung geht, sondern um eine vertrauliche Mitteilung, eine Indiskretion, Klatsch, etc.

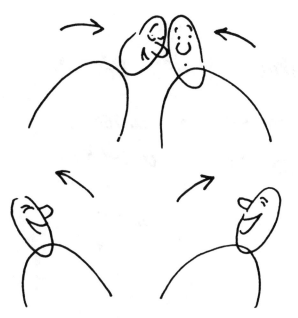

→ S.35

Zeichenkurs

4.3 Der Körper

Im letzten Kapitel haben wir gesehen, daß sich unsere Figuren schon ganz schön bewegen, aber eigentlich fehlen noch die wichtigsten Voraussetzungen: Arme und Beine.

Um den Aufbau einer Figur zu vervollständigen, fügen wir aber nicht einfach Glieder an eine Rumpfform, sondern nehmen wieder eine Grundform, ähnlich unserem Mimik-Oval, für den Körper, seinen Aufbau und seine Proportionen.

Leonardo da Vincis "Diametor" symbolisiert in der Verbindung von Kreis und Quadrat einen männlichen Idealtypus, vor dem Hintergrund der Renaissance-Ästhetik.

Unser Idealtypus von einer menschlichen Figur ist natürlich viel einfacher als die Leonardos, behält aber die grundsätzlichen Proportionen bei: Im Volksmund Strichmännchen genannt, fehlt dieser Figur noch alles geschlechtsspezifische, es könnte sich um ein Männchen wie ein Weibchen handeln.

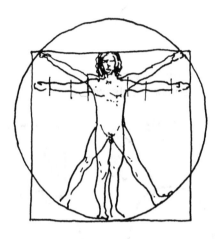
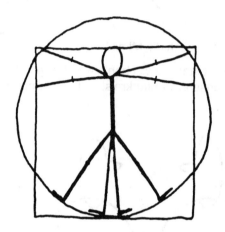

Für die Proportionierung des Körpers merken wir uns die einfache Regel, daß Arme so lang wie die Beine, bzw. so lang wie der Oberkörper sind; Oberarm so lang wie der

Unterarm ist und das gleiche für Ober- und Unterbeine gilt. Für den Anfang ist dies eine leicht kontrollierbare, bzw. rezepthafte Proportion, die Sicherheit gibt.

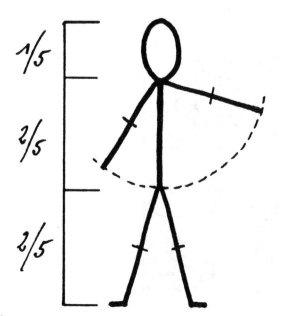

134

Mit zunehmender Routine werden sich immer individuelle Gestaltungsmerkmale entwickeln, wo diese Proportionierung sich ändert. Die Größe des Kopfes wird davon auch betroffen sein. Im Moment ist er ca. ein Fünftel der Gesamtkörpergröße, in jedem Fall wird er immer erheblich größer als "in Natur" sein, ganz einfach deswegen, weil unsere Figur ja auch Mimik braucht.

Daß es vielleicht nicht ganz so einfach ist, wie diese Figur auf den ersten Blick vermuten läßt, zeigt eine Liste von möglichen Fehlern, die unseren Absichten zuwider laufen:

Linie mit Abstand, wirkt wie Marionette

zuviel Weichspüler, Linien sind gebogen – schauen Sie mal Ihren Arm an!

disproportioniert, siehe oben . . .

4.3.1 Bewegung

Was braucht unsere Figur, um sich zu bewegen: Gelenke!

Die wichtigsten sind hier mit einem punktierten Kreis eingezeichnet.

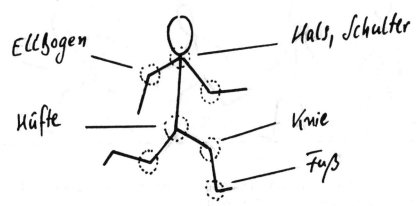

Im Kapitel 2 gewonnene Erkenntnisse über die Rotation des Kopfes haben hier natürlich weiterhin Gültigkeit:

Merke: Die Nase gibt die Richtung an!

Heftiges Gestikulieren mit den Händen, beschreibt sofort Situationen:

Und bei entsprechender "Beinarbeit" gibt es nichts mehr, was unsere Figuren nicht könnten...

Einfache Bewegungsabfolgen:

Merke: Beim Gehen sind die Arme nah am Körper. Beim Laufen holen sie Schwung. Der Schritt wird größer und der Oberkörper legt sich nach vorne!

Beziehen wir in unser Bewegungsprogramm auch noch die Rückenlinie ein, so erreichen wir diffizile körpersprachliche Ausdrücke:

(siehe auch S. 132 Vorwärts- und Rückwärtsbewegung)

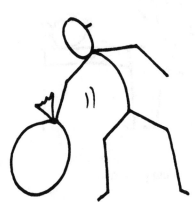

Das Gewicht der Last ist in erster Linie durch die Körperhaltung angegeben.

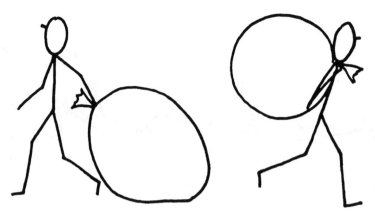

Obwohl hier die Lasten größer gezeichnet sind, werden sie scheinbar mühelos bewältigt, weil der Rücken aufgerichtet ist.

Ein gebogener Rücken kann natürlich auch ganz andere Ursachen haben: Alter, Traurigkeit, Erschöpfung:

4.3.2 Figuren und Gegenstände

Die beigefügten Objekte können wir ebenso reduziert zeichnen wie unsere Figuren. Also nicht räumlich, sondern als bloße Umrißzeichnungen. Nie vergessen: Diese Studien dienen uns jetzt als Übungsmaterial, damit wir sie später leicht und schnell im Unterricht einsetzen können!

falsch kompliziert

richtig einfach

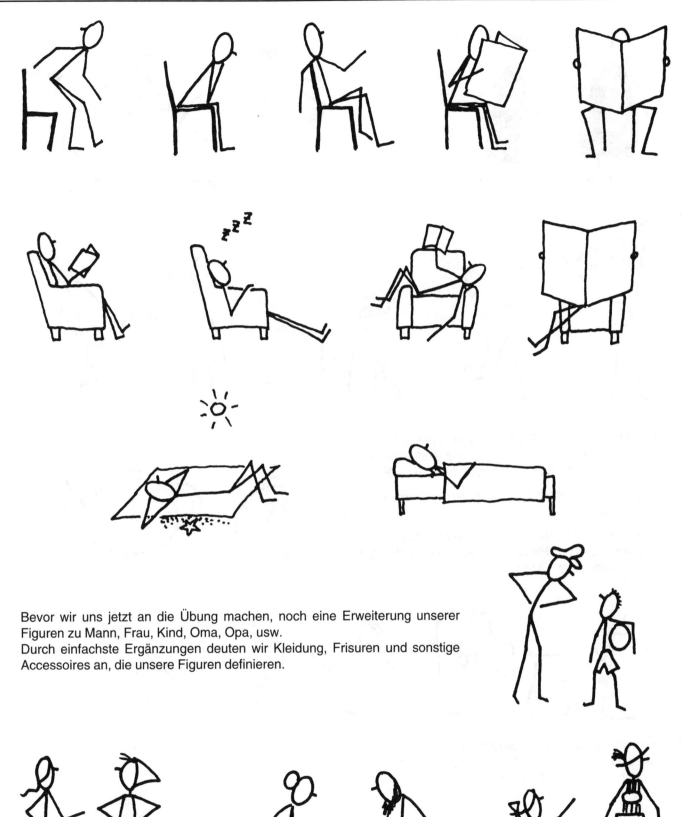

Bevor wir uns jetzt an die Übung machen, noch eine Erweiterung unserer
Figuren zu Mann, Frau, Kind, Oma, Opa, usw.
Durch einfachste Ergänzungen deuten wir Kleidung, Frisuren und sonstige
Accessoires an, die unsere Figuren definieren.

Gegenstände stellen wir in der bereits erwähnten Umriß-zeichnung dar. Dabei ist es wichtig, eine eindeutige Ansicht des betreffenden Gegenstandes zu wählen.

Ungeschickt und unklar wäre die folgende Darstellung der Teekanne:

Im rechten Bild wird nicht nur das Gefäß deutlich, sondern auch seine Funktion (Henkel zum Anfassen, Schnabel zum Ausgießen) und die spezifische Form.

Konstruieren wir Gegenstände gemäß ihrer Funktion, so lassen sich auch komplizierte Gegenstände relativ einfach zeichnen: z.B. ein Fahrrad

  ◁ zunächst zwei Räder, eines angetrieben durch Kette und Pedalen, ▷

◁ das andere mit Lenker,
ein Sattel zum Sitzen und weil sonst ▷
alles auseinanderfällt ein Rahmen.
Durch eine Querstange wird das
Damenrad zum Herrenrad...

Dieses Darstellungsprinzip könnte man auch mit 'additiver Reihung' beschreiben, ein Detail wird an andere gesetzt, zu einem Ganzen addiert. Die einzelnen Abschnitte des Zeichen- und Erklärungsprozesses sind bereits Unterricht. Im Dialog mit den TN erarbeiten wir Wortschatz, bauen Wortfelder auf, beschreiben Funktion und Aussehen. Zeichnen ist Unterricht.

Zu den allerkompliziertesten Dingen rechnen 'ungeübte Zeichner/Innen' die Darstellung von Tieren, dabei scheint das komplizierteste das Pferd zu sein. Auch hier funktioniert die additive Reihung: Reduktion auf einfache Grundform, und addieren von 'Wissen' über die Erscheinungsform. Falsches sieht sofort komisch aus und kann durch Ausprobieren korrigiert werden: Pferd hat langen Hals, Pferdeschwanz, stehende Ohren, lange Beine, etc.

Stimmt die Grundform, wird durch korrigierendes Überzeichnen Eckiges gerundet, Grobes geglättet...

Üben – üben – üben – üben – üben –

Ergänzen Sie die Reihe:

Dazu ein Tip: Wenn Sie die einzelnen Phasen des Bewegungsablaufs dicht aneinander fügen,
so hilft die eine Bewegungsphase bei der Entwicklung der nächsten.

Eine mögliche Lösung der Aufgabe von S. 142 könnte dann so aussehen: Weitsprung

Was ist bei der folgenden Lösung falsch?

Der Oberkörper liegt hinten – also auch der Körperschwerpunkt. So erweckt er den Eindruck des Zurückfallens, Ausrutschens. Unser Weitspringer hätte kein gutes Ergebnis.

Noch ein Tip: Bestimmte Übungen können wir natürlich vor dem Spiegel machen, um Bewegungen zu studieren. Vielleicht steht uns auch jemand Modell (in der Klasse/Gruppe)? Dann gibt es auch Gliederpuppen in Künstlerbedarfsläden, aber die billigste Vorlage können wir uns selbst herstellen: aus Streichhölzern und einem Groschen. Wir können so einen Bewegungsablauf erst mal (zer)legen, was sehr viel zur Veranschaulichung beiträgt, bevor wir zeichnen.

Gehen uns diese einfachen Strichfiguren locker von der Hand, dann ist es kein weiter Weg mehr zu 'richtigen' Figuren.

Auch bei der folgenden 'plastischen' Personendarstellung stellt das Gerüst von S.134 die Grundlage dar:

Zeichnen wir für den Körper anstatt einer bloßen Linie eine Fläche, entweder Rechteck oder 'Schlauch', so bekommt die Figur Volumen und Platz für Kleidung.

Für die Proportionierung der beabsichtigten Figur ist aber ausschließlich das Gerüst bestimmend:

Übung: Kombinieren Sie jetzt doch mal alles bisher Geübte mit Mimik! Bauen Sie Typen auf und zusammen, d.h. zeichnen Sie in den bisher leergebliebenen Kopf die passende Mimik:

○ völlig erschöpfter Langstreckenläufer (Trainingsanzug)
○ dicker Mann versucht seinen Hut aufzuheben
○ großer Mann/Frau, kleiner Mann/Frau, dicker Mann/Frau sitzen an ein und demselben Tisch (nacheinander)
○ Und die wichtigste Übung: Beobachten Sie Ihre Umwelt, studieren Sie, wie sich Personen bewegen!

4.4 Exkurs in Details

4.4.1 Die passende Frisur für Ihren Typ:

Ein paar Beispiele unterschiedlicher Haartrachten bei gleichbleibender Mimik:

Ein Blick in ein Musterbuch, das in keinem Friseursalon fehlen dürfte:

Fügt man den männlichen Konterfeis noch echte oder falsche Bärte hinzu, bekommen wir zum Beispiel solche Typen:

Frisuren reagieren auf emotionale Stimmungen oder besser gesagt, wir benutzen sie als Mittel zur Ausdrucksssteigerung. Ist jemand traurig und wir legen die ganze

Körperhaltung und Mimik defensiv an, so unterstützen herabhängende Haare einen 'hängenden' Gesamtausdruck:

Umgekehrt verpassen wir einer offensiven Mimik eine forsche Frisur, die Bewegung assoziiert:

Haare können auch 'zu Berge stehen', naß werden, und manchmal auch ausfallen:

4.4.2 Immer der Nase nach

Wie schon erwähnt, haben Nasenformen keinen Einfluß auf die Mimik, wohl aber auf den Typ.

Das vorwitzige Näschen, die Knollennase, die Boxernase, die lange Nase, und unzählige Varianten davon legen das Gesicht fest.

4.4.3 Ein schwieriges Kapitel: Hände

Bisher haben wir die Hände fast immer vernachlässigt, da bei Situationen, die auf Bewegung, bzw. auf Mimik ausgerichtet sind, alles Nebensächliche reduziert oder gar weggelassen werden kann. Agieren unsere gezeichneten Personen aber mit Gegenständen, so kann es wichtig sein, Hände 'auszuzeichnen'. Handbewegungen können oft die Situation definieren: Den 'Vogel' kann man eben nur mit dem Finger zeigen...

Wir versuchen jetzt wichtige Handbewegungen, wie Dinge anfassen, zeigen, schreiben usw. auf einfache Weise zu skizzieren. Ganz reduziert kann das so aussehen:

Diese 'Handschuhand' kann zwar eine ganze Menge, aber eben nur Bewegungen, die wir mit einem (Faust)handschuh ausführen können:

B4

Bei vielen Zeichnungen kann das völlig genügen. Reduzieren wir die Hand auf Fläche und Finger und erweitern dann dieses 'Gerüst', so bekommen wir eine einfache Grundform, die alle Bewegungen einer menschlichen Hand ausführen kann:

4.5 Situationen

In der Regel, d.h. für die im Unterricht entwickelte Tafelzeichnung, bzw. Zeichnung auf OH-Folie, reicht das bisher gezeigte Repertoire: Mimik, Bewegung, Gegenstände.

Addiert man all diese Teile zu einem Ganzen, so erhält man Situationen, Gesprächsanlässe, kommunikative Kontexte. Dabei zeichnen ungeübte Zeichner/innen in der Regel 'zuviel'. Das Problem ist die Reduktion.

Sich eine Situation vorzustellen ist kein Problem, nur diese dann aufs Papier, bzw. auf die Tafel zu bringen. Es geht dabei nicht nur um das Abzeichen eines Bildes im Kopf, sondern um das stete Überprüfen, was wichtig und was unwichtig ist, was für die Situation typisch und was mißverständlich werden kann.

An einem Beispiel soll ausgeführt werden, wie eine typische Lehrbuchsituation aufgebaut werden kann: "Ist der Platz noch frei?..."

1. Überlegung: der Ort, in unserem Beispiel ein Café.

Was ist typisch, was notwendig? Zuallererst verzichten auf Perspektive, also keinen 'Tiefenraum' mit vielen Tischen und Stühlen, es geht ja nicht um Beschreibung eines Interieurs, sondern um die Darstellung eines Gesprächsanlasses – eines Dialogs.

Typisch für den gewählten Ort 'Café' sind Tisch und Stühle im Kaffeehausstil:

Diese plazieren wir in einen imaginären Rahmen und stellen zur Verdeutlichung des Orts noch eine Tasse mit Kaffee auf den Tisch (beliebig zu erweitern mit Kuchen, etc.)

Beim vorgegebenen Dialogansatz "Ist der Platz noch frei?" und entsprechendem Verlauf, erfordert der Bildaufbau eine links (Frage) rechts (Antwort)-Abfolge.

Mimik: Frager will was, also offener Mund, freundlicher Gesichtsausdruck. Den Dialogablauf bestimmt die Frau! Varianten:

freundliche Mimik = stimmt zu,

unfreundliche Mimik = lehnt ab,
kann auch durch Gestik (abweisender Arm) unterstützt werden.

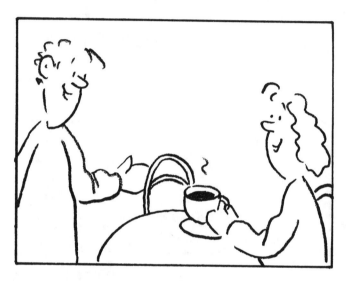

Körpersprache: Was der Mann will, ist bislang nicht klar. Die Situation ist völig offfen. Es kann auch der Kellner, etc. sein.
Also rücken wir das Ziel seines Wunsches, den Stuhl, zwischen ihn und die angesprochene Dame. Auch hier ist eine gestische Ergänzung für die Verständlichkeit, bzw. Eindeutigkeit der Situation wichtig.

Allgemein läßt sich eine solche Situation ebenso nach den Prinzipien der additiven Reihung aufbauen, wie wir dies bei der Darstellung von Gegenständen bereits gesehen haben.

Zu beachten ist die Darstellung des Orts, die Position der Personen – am besten immer linear, nicht perspektivisch, die Bedeutung von Mimik und Gestik für den Dialogverlauf.

Auch hier beginnen wir mit einer einfachen Strichzeichnung und 'überzeichnen'. Da solch aufwendige Zeichnungen in der Regel für mehrmaligen Gebrauch als Arbeitsblatt

oder als Folie konzipiert werden, sind Varianten bzw. Konkretisierungen manchmal erst im Unterricht vorzunehmen. Das heißt, wir können z.B. manchmal nur die Grundsituation, den Handlungsrahmen zeichnen und dann im Unterricht erst die Mimik, hier der Frau, ergänzen. So würden sich mit einer Vorlage mehrere Dialogvarianten ergeben.

Genauso könnte man die Situation offen lassen und die entsprechenden Ergänzungen – Kaffeetasse, Stuhl, Mimik, Gestik im Unterrichtsgespräch ergänzen. Mit etwas Übung werden Sie immer mehr Ideen und Material sammeln können, die Ihren Unterricht anschaulicher und lebendiger machen.

Hinweis:

Falls Sie noch ein bißchen weiterüben wollen, empfehlen wir Ihnen das Humboldt-Taschenbuch von Theo Scherling: Karikaturen zeichnen.
(Humboldt-Tb. 637)

C Sammlung von Übungen und Spielen mit Bildern
Kopiervorlagen für den Unterricht

In dem folgenden Teil finden Sie eine Reihe fertiger Übungsblätter für den Unterricht mit Übungen zur Wortschatzarbeit, zur Grammatik, Rechtschreibung oder auch als Sprechanlaß. Je nach Unterrichtssituation kann man die Vorlagen als Kopien an die KT ausgeben oder auch für den Klassenunterricht über Folie und Overheadprojektor für alle reproduzieren. Manche Übungen lassen sich auch als Spiele verwenden, z.B. S.183 "Teekessel" oder als Vorgabe für Rollenspiele und freies Vertexten, z.B. S.173 "Keine Rücksicht, obwohl..." verwenden. Nicht zuletzt könnten die Arbeitsblätter auch Vorlagen für kleinere Tests darstellen.

Die Übungsblätter sind teilweise von einem professionellen Zeichner, aber auch von Lehrern gestaltet. Manche Übungsblätter sind auch Collagen aus vorhandenen Materialien aus Lehrbüchern oder anderen Schriften. Insgesamt sollen sie als Beispiel und Muster dienen, wie man mit einfachen Mitteln effektive Arbeitsblätter für den Unterricht anfertigen kann. Jedenfalls sollen alle Vorlagen, so hoffen wir, Spaß bei der praktischen Arbeit bringen, und noch mehr eine Ermutigung und Anregung für die eigene Produktion darstellen.

Übersicht über die Übungsblätter und Kopiervorlagen Seite 152–185

Wortschatz-Memory 152
Verkehrsmittel 153
Orientierung in der Stadt 154
Wie heißen die Gegenstände/Werkzeuge? 155
Womit macht man das? 156
Rechtschreibung: Doppelkonsonanten 157
Rechtschreibung 158
Geräusche – Töne 159
Adjektive – Gegensätze 160
Komparation 161
wenn → dann 162
Passiv: Die Geschichte eines Briefs 163
Infinitivsätze: Es ist schön zu 164
Passiv: Was ist passiert? 165
Akkusativ 166
Verben mit Akkusativergänzung 167
Präpositionen mit Akkusativ 168
Verben mit Dativ 169
Präpositionen mit Dativ 170
Temporale Konjunktionen: bevor – während – nachdem 171
Reflexive / Reziproke Verben 172
Keine Rücksicht, obwohl 173
Bewegungsverben für Tiere 174
Sich begrüßen 175
Konjunktiv II 176
Bilderrätsel (Komposita) 177
Schlau wie ein Fuchs (Vergleichende Adjektive) 178
Drudel 179
Wortbilder 180
Dieses ...-Wetter 182
Gebote – Verbote 182
Teekessel 183
Metaphorische Redewendungen 184/185

Schreiben Sie auf der Rückseite der kopierten Kärtchen das Wort mit seiner Pluralform.

Welche sind öffentlich/privat?
Wozu dienen sie?

1 das Fahrrad...
2
3
4
5
6
7
8
9
10
11
12
13
14
15
16
17
18

Beispiel: OH-Projektion
Zeichnen Sie einen Plan auf Folie.
Benennen Sie die Gebäude – Figurinen.
X fährt von (A) nach (B).

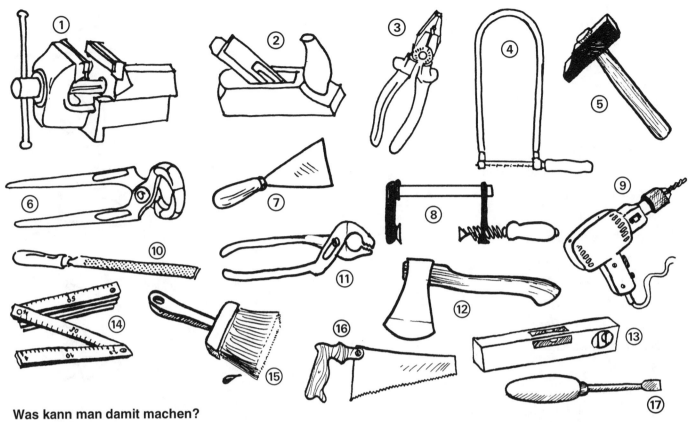

Was kann man damit machen?

Nr. 1 ist ein Schraubstock Man kann damit etwas festhalten.

Nr. 2 _____

Nr. 3 _____

Nr. 4 _____

Nr. 5 _____

Nr. 6 _____

Nr. 7 _____

Nr. 8 _____

Nr. 9 _____

Nr. 10 _____

Nr. 11 _____

Nr. 12 _____

Nr. 13 _____

Nr. 14 _____

Nr. 15 _____

Nr. 16 _____

Nr. 17 _____

Zeichnen und benennen Sie weitere Werkzeuge.

	mit	mit dem	mit der	
Eine Dose öffnen		✕		Dosenöffne
Sich die Zähne putzen				
Das Auto waschen				
Papier schneiden				
Haare trocknen				
Ein Schnitzel braten				
Sich die Fingernägel schneiden				
Kartoffeln kochen				
Schuhe putzen				
sich Schuhe anziehen				
Einen Knopf annähen				
Einen Brief schreiben				
Sich die Nase putzen				
Eine Tür aufschließen				
Die Wäsche waschen				
Bügeln				
Sich frisieren				
Einen Nagel einschlagen				
Holz hacken				
Sich abtrocknen				
Jemand anrufen				
Die Wohnung saubermachen				
Ein Loch stopfen				
Wurst schneiden				
Ein Regal bauen				

Wenn Sie mit Ihrer Spielfigur auf einen der dargestellten Begriffe kommen, buchstabieren Sie bitte. Wenn Sie die Aufgabe richtig gelöst haben, dürfen Sie noch einmal würfeln.

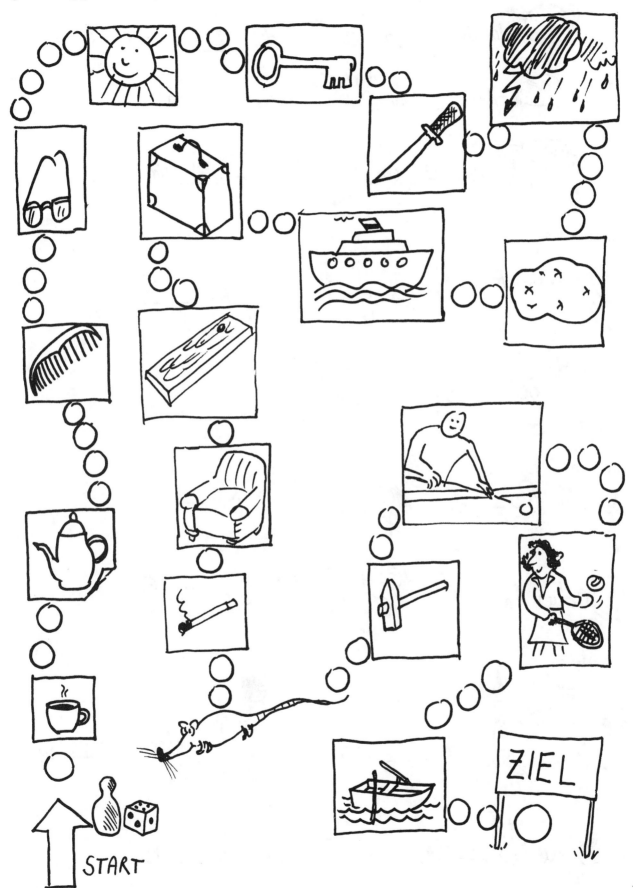

-ch-, -sch-, -s-? **Bitte ergänzen Sie:**

das Känn___en   die ___ere

der ___tein   das ___wein

das Mäd___en   der Fahr___ein

-s-, -ss- oder -ß-?

der Rei___   der Ri___

bei___en   rei___en

die Ro___e   das Ro___

das Fa___   die Ro___e

-ei- oder -ie-?

 die R___se    der R___se

 die B___ne   das B___n

leer – voll

ZUCKER

Die Geschichte eines Briefs: was wird mit einem Brief alles gemacht?

Zuerst wird er geschrieben.   *Dann . . .*   *Anschließend . . .*

Es ist schön, . . .
Es macht mir Spaß, . . .
Ich liebe es, . . .

Ich hasse es, . . .
Ich finde es überhaupt nicht schön, . . .

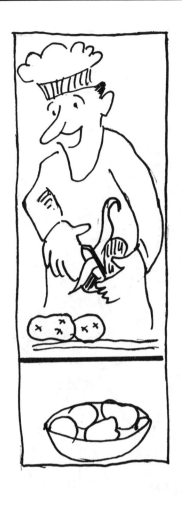

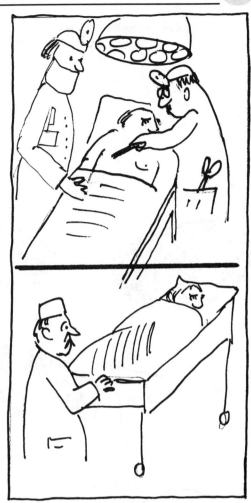

| Die junge Frau | möchte
kauft
nimmt | . . . . |

für, entlang, durch, um, gegen, ohne, bis

Er geht . . . . Tor.

Er geht . . . . Hose spazieren.

Das Auto fährt . . . . Baum.

Das Auto fährt . . . . Köln.

Frank schleicht . . . . Ecke.

Der Unterricht dauert . . . . 18 Uhr.

Er geht . . . . Tür.

Das Mädchen kommt . . . . Ecke.

Der Brief ist . . . . . Herrn Weber.

Er geht . . . Gang . . . .

Er läuft . . . . Ziel.

Das Mädchen läuft . . . . Wald.

Wer schenkt wem was?

Onkel Ernst

Maria

schenkt	der	Tante	einen	Computer
kauft	dem	Hund	die	Zigarren
gibt	den	Vater	eine	Pralinen
leiht	seinem	Mutter	ein	Schnaps
besorgt	seiner	Baby	den	Dreirad
bringt	seinen	Freund	das	Bücher
holt	ihrem	Freundin		Hausschuhe
überreicht	ihrer	Hausmeister		Fläschchen
	ihren	Postboten		Puppe
		Eltern		Uhr
		Kindern		Krawatte
		Großeltern		Knochen
		Chef		
		Kolleginnen		
		Kollegen		
		Putzfrau		
		Putzmann		

Susi

Papa

Paul

Oma

aus, von, nach, zu, bei, mit, gegenüber, seit

Manfred kommt . . . . Wolfsburg.

Sie gehen . . . . Arbeit.

Der Brief ist . . . . . Clemencia.

Sie kommen . . . . Arbeit.

Sie gehen . . . . Stadttor.

Manfred arbeitet . . . . . . VW.

Freising liegt . . . . München.

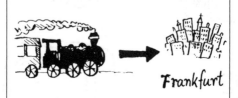

Sie fahren . . . . Frankfurt.

Die Kinder kommen . . . .
Schule.

Das Restaurant ist . . . .
Bank.

Er arbeitet . . . .
Kollegen zusammen.

Manfred hat . . . . Woche
schönes Wetter in Italien.

bevor – während – nachdem

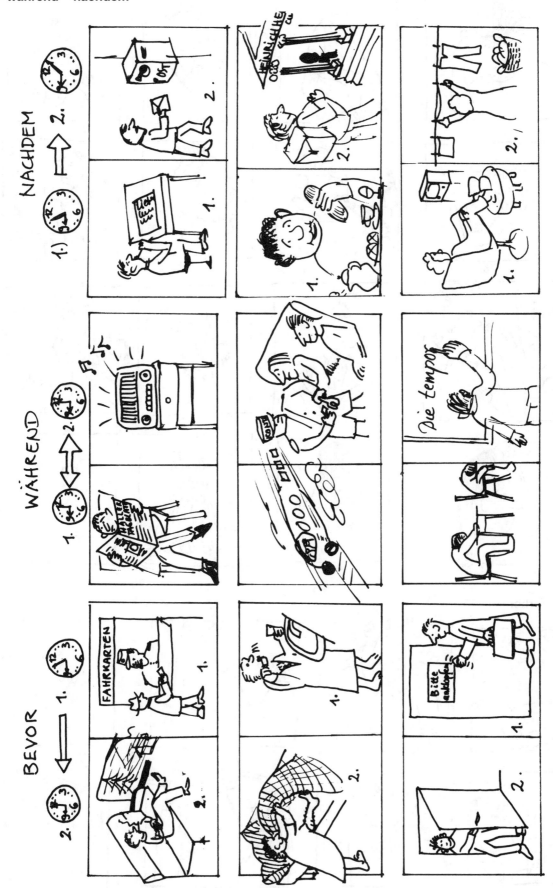

Reziproke Verben

Er parkt, obwohl . . .

Ein/eine . . .

geht

läuft

trampelt

trippelt

flattert

hüpft

schleicht

kriecht

fliegt

schwimmt

gleitet

schlurft

stakst

rennt

galoppiert

trabt

stolziert

schreitet

trottet

schlängelt (sich)

hoppelt

stapft

segelt

schnellt

In der Luft		Im Wasser		Auf dem Land	
schnell	langsam	schnell	langsam	schnell	langsam

A o Hallo Paul!
x Mensch, Fernando!
Wie geht's, altes
Haus?

B o Küß die Hand, gnädige
Frau.
x Ich freue mich, daß
Sie gekommen sind, Herr
Doktor.

C o Grüß Gott, Frau
Grünwald.
x Grüß Gott, Herr Lori.

Text	Bild	offiziell höflich	herzlich	familiär

D o Darf ich vorstellen?
Frl. Müller.
x Freut mich! Mein Name
ist Bauer.

E o Susi, das ist aber
eine Überraschung.
x Peter! Schön, dich zu
sehen.

F o Guten Tag. Mein Name
ist Keller.
x Angenehm, Schmidt.

175

Was würden Sie machen, wenn . . . ?
Stellen Sie sich vor, Sie wären . . .

♪ + 〰 = *das Tonband* _____

＝ _____

+ 🚬 = _____

+ 📻 = _____

+ ⚽ = _____

+ 🪣 = _____

+ ⚙️ = _____

= _____

+ = _____

+ = _____

+ = _____

+ = _____

Tonband   Handtasche   Kofferradio   Schreibmaschine
   Fernseher   Fußball
        Filterzigarette   Putzeimer   Federhalter
Brotmesser   Dosenöffner   Korkenzieher

177

schlau wie ein Fuchs _____ wie eine Schlange

fromm   frei   geduldig   langsam

mutig   lieb

stolz   klug   schnell

unabhängig   schlau   ausdauernd   treu

tückisch   stark   dumm   süß

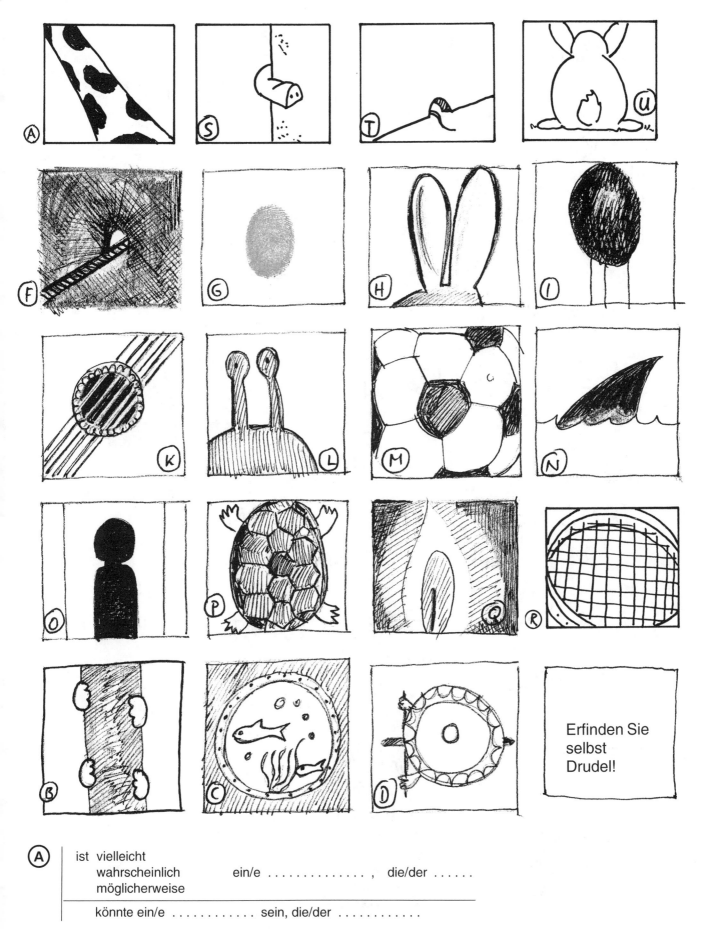

ᙁᙖᙁᙁᙖᙖ   ⟩FiSCH⟨

umpekgut   LÜ CKE

AB   STAND   FAL EN
                  L

EINDRuCK

LUFTBALL   N   K ^RAN K

ᵤ^O^D_N_N₍U₎NG   tot   HE ^B EN   **HELL**

S△D△T   G

ARMSTR⊙NG |RAFFE   TREPP ^AUF ᴀʙ

KDNVNDII   OO
K∧UNUVIL   WORT   W RT   W RT

                                    WL ?RT

⟩WORT⟨   WORT ^NORT
                   WORT WORT
                   WORT WORT
                   WORT

  br br.
br   br
   bär br   K   e|r   si
 br br br   mann

Wie ist das Wetter auf den Bildern?
Kennen Sie auch einige umgangssprachliche Ausdrücke für das Wetter?

1

2

Bei Annäherung eines
Hubschraubers
ist dieser Weg und
die Landefläche sofort
zu verlassen

3

Fußgänger
gegenüberliegende
Gehbahn benützen

4

Unberechtigt geparkte Fahrzeuge
werden kostenpflichtig abgeschleppt

5

Privatkinderspielplatz
der
Eigentümergemeinschaft Krailling
Benutzung auf eigene Gefahr
Spielzeiten:
Mo.Fr.8-13 u.15-19 Uhr, Sa.8-13 u.15-18 Uhr
Sonn·u.Feiertag 10-13 u.15-17 Uhr
Das Mitbringen von Haustieren ist verboten

6

7

Fotos 4 und 6: Schuckall   alle anderen Fotos: Weiß

Je zwei Mitspieler/Innen bekommen ein Bildpaar, das ein Wort mit zwei (oder mehr) Bedeutungen darstellt, z.B. "Ball". Sie unterhalten sich vor der Gruppe, indem sie abwechselnd von der einen oder anderen Bedeutung sprechen, ohne den Begriff zu nennen.

Statt des Begriffs sagen sie nur "Teekessel", z.B.: ○ "Mein Teekessel ist rund ..., ● und für meinen Teekessel ziehe ich mich schön an." Die Klasse hat die Aufgabe, den Begriff zu raten.

C

Zeichnungen: M. König

Welche Bilder gehören zu welchen Redewendungen?

Das bedeutet ungefähr:

Bild-Nr.

10	Jemandem einen Knüppel zwischen die Beine werfen.
	Sich zwischen zwei Stühle setzen.
	Das Kind mit dem Bad aus-schütten.
	Blind vor Liebe sein.
	Die Katze aus dem Sack lassen.
	Mit rauchendem Kopf arbeiten.
	Ein Brett vor dem Kopf haben.
	Mit Kanonen auf Spatzen schießen.
	Ins Schwarze treffen.
	Überall ein Haar in der Suppe finden.
	Sich an einen Strohhalm klammern.
	Mehrere Fliegen mit einer Klappe schlagen.

Wie soll ich denn Erfolg haben, wenn mich ständig jemand behin-dert.
Ich verstehe im Moment überhaupt nichts.
Ich bin glücklich und sehe nur das, was ich sehen will.
Ich finde nichts gut.
Ich habe nur noch eine Chance.
Ich sage, was ich wirklich denke.
Ich kann zwei Sachen gleichzeitig erledigen.
Meine neue Firma hat meine Be-werbung abgelehnt , und bei mei-ner alten Firma habe ich gekündigt.
Man sollte nicht zu schnell urteilen und erst mal genau prüfen, ob eine Sache gut oder nicht gut ist.
Ich muß mich sehr anstrengen, um diese Arbeit zu schaffen.
Ich habe in dieser Situation genau das Richtige gesagt oder gemacht.
Man muß doch nicht wegen jeder Kleinigkeit gleich so übertrieben reagieren.

Haben Sie für die verschiedenen Redewendungen selbst erlebte Beispiele?

Gibt es ähnliche Redewendungen in Ihrer Sprache? Bitte übersetzen Sie .

Kennen Sie andere deutsche Redewendungen?

D Bibliographie

1. Bildsammlungen: Bildergeschichten, Cartoons, Karikaturen, Fotos

2. Üben und Spielen mit Bildern

3. Tafelzeichnen

4. Bilder und Grammatik

5. Weitere visuelle Materialien für den Unterricht

6. Anleitungen zum Bildeinsatz im Unterricht

7. Einführende und weiterführende Literatur zu Bildern

8. Bilder und Landeskunde/ Fremdverstehen

9. Weitere Literatur zu Einzelaspekten

Die unserer Meinung nach in unterrichtspraktischer Hinsicht besonders empfehlenswerten Titel sind mit einem Stern (*) gekennzeichnet.

1. Bildsammlungen: Bildergeschichten, Cartoons, Karikaturen, Fotos, usw.

*Augustin, Viktor und Haase, Klaus: Blasen-Geschichten. Bezug: Pädagogische Arbeitsstelle des deutschen VHS-Verbands, Holzhausenstr. 21 6000 Frankfurt/M.. Arbeitsheft für Kursleiter Best.Nr. 425, Arbeitsblätter für Kursteilnehmer Best.Nr. 426, Overheadfolien Best.Nr. 427

Bode, Peter u.a.: Alptraum Auto. München 1987.

Bosc: Bilderbuch für Erwachsene. München 1970.

Bretécher, Claire: Die Frustrierten. Hamburg 1978.

Browne, D.: Hägar der Schreckliche. Ein Mann – ein Wort. o.O. 1984.

Busch, Wilhelm/Plauen, E.O.: Bildgeschichten. Eine Auswahl besorgt von R. Neuhoff. Paderborn 1968[2]

Comenius, J.A.: Orbis sensualium pictus, 1658. Nachdruck in: Die bibliophilen Taschenbücher Nr. 30 1985[3].

Durak, Ugur: Hüseyin im Paradies. Göttingen o.J.

*Eichheim/ Helmling-Mazaud/Wizemann: Mir fällt auf! 40 Diapositive als Sprechanlässe und Begleitheft. München 1981.

Die in der Fremde arbeiten. Zeichnungen und Karikaturen. Duisburg 1983.

*Grüneisl, Gerd/Zacharias, Wolfgang: PA Schnippelbuch Nr.1. Materialien zum Abzeichnen und Nachzeichnen, Ausschneiden, Kopieren, Collagieren, Layout-Machen. Pädagogische Aktion e.V. Nürnberg 1980, Bezug: Verlag Popp & Partner, Rosengartenweg 9, 8500 Nürnberg 60,

*Goethe-Institut: Bild als Sprechanlaß. 4 Bände: 1. Karikaturen, 2. Kunstbild, 3. Sprechende Fotos, 4. Werbeanzeigen. Bezug: Goethe-Institut Ref. 41, Postfach 20 10 09, 8000 München 2.

Jakobsson, Oskar: Adamson, 51 Bildgeschichten. Reinbek bei Hamburg 1975.

Jung, Jochen (Hg.): Märchen, Sagen und Abenteuer – Geschichten auf alten Bilderbogen neu erzählt von Autoren unserer Zeit. Gräfelfing vor München 1974.

*Kaminski, Diethelm: Bildgeschichten. Aufgaben und Übungen. München: Goethe-Institut 1987.

Koelbl, Herlinde/Sack, Manfred: Das deutsche Wohnzimmer. Luzern und Frankfurt/M. 1980.

Kossatz, Hans: Willi und Familie Kaiser. Stuttgart 1957.

ders.: So ein Dackel! Stuttgart 1972.

*Lohfert, Walter/Scherling, Theo: Wörter – Bilder – Situationen, Berlin und München 1983.

Marcks, Marie: Immer ich! Bildgeschichte eines ereignisreichen Tages. Reinbek bei Hamburg 1976.

dies.: Immer ich! Für den Unterricht Deutsch als Fremdsprache bearbeitet von Franz Eppert. München 1981.

dies.: Die paar Pfennige. Bildegeschichte einer verschwenderischen Familie. Reinbek bei Hamburg 1982.

dies.: Wer hat dich, du schöner Wald ... . Reinbek bei Hamburg 1983.

*Müller, Jörg: Hier fällt ein Haus, dort steht ein Kran und ewig droht der Baggerzahn oder Die Veränderung der Stadt. Aarau 1976.

ders.: Die Veränderung der Landschaft a.a.O. 1973.

*Plauen, E.O.: Vater und Sohn. Gesamtausgabe. Konstanz: o.J.

ders.: Vater und Sohn (2Bde). München 1975.

Poth, Chlodwig: Elternalltag. Frankfurt/M. 1980.

ders.: Das Katastrophenbuch. 24 Bildgeschichten. Hamburg 1982.

Press, Hans Jürgen: Mein kleiner Freund Jakob. Lustige Geschichten aus dem bewegten Leben eines kleinen Mannes. Ravensburg o.J.

Quino: Der große Quino. München 1982[3].

Rauschenbach, Erich: Du gehst mir auf'n Keks. München 1986.

ders.: Oh, Tochter ... Bildgeschichten (2 Bde) Reinbek bei Hamburg: 1979.

Scherling, Theo: Karikaturen zeichnen. München 1990.

Schulz, Charles M.: Charlie Brown erklärt dir Wörter. Bildwörterbuch. München, Zürich 1978.

Sempé: Emil ich hab Schiß. Zürich 1964.

ders.: Rien n'est simple. Paris 1972.

ders.: Konsumgesellschaft. Zürich 1973.

ders.: Kleine Abweichungen. Zürich 1978.

ders.: Von den Höhen und Tiefen. Zürich 1984.

von Stich, Christian (Hg.): Cartoon Classics. Zürich 1977.

Stöpfgeshoff, Dieter: Lebensweisen, Band 1. Alltagsbeobachtungen in der Bundesrepublik Deutschland. Ismaning 1985.

Stöpfgeshoff, Dieter/**Kolthoff,** Klaus: 'Lebensweisen, Band 2. Alltagsbeobachtungen in der DDR'. Ismaning 1985.

Streitenfeld, Dirk: Ansichten: Fotos und Äußerungen zur Arbeit und Wohnung ausländischer Kollegen. Hg.: Beratungsstelle für Gestaltung von Gottesdiensten und anderen Gemeindeveranstaltungen. Eschersheimer Landstr. 565, 6000 Frankfurt/M. 50

Thelwell: Hunde Compendium. München 1980.

ders.: Autohandbuch. München 1983.

Treat, Lawrence: Detektive auf dem Glatteis. Criminal-Bilderrätsel mit Hintersinn. Köln 1984.

Trumbetas, Dragutin: Gastarbeiter. Frankfurt 1977.

Ungerer, Tomi: Babylon. Zürich 1979.

Unsere goldenen 80er Jahre. Der zuverlässige Ratgeber für ein ganzes Jahrzehnt. Zürich 1980.

Ünal, Mehmet: Zwei fremde Augen ein kurzer Blick. Frankfurt o.J..

Waechter, Karl Friedrich: Opa Huckes Mitmach-Kabinett. Weinheim, Basel 1981[3].

2. Üben und Spielen mit Bildern

Blackshaw, W.S./**Walker,** J.F.M.: Regardez, Racontez. Frankfurt/M., Berlin, München: 1972.

Brehme, Helma: Miteinander reden lernen. Sprechspiele im Unterricht. München: 1985.

Caré, J.M./**Debyser,** F.: Jeu, Langage et Créativité. o.O. 1978.

Dreke/Lind: Wechselspiel. Sprechanlässe für die Partnerarbeit im kommunikativen Deutschunterricht. München 1986.

Driever, Dorothee: "Rollenspiel mit ausländischen Jugendlichen", in: Bildungsarbeit mit ausländischen Jugendlichen. Null-Nummer 1984, 27-34.

*Gadatsch, Michael: "Bildgesteuerte Übungen und Spiele", in: Bildungsarbeit mit ausländischen Jugendlichen, 4/1985, 24-54.

Göbel, Richard: Deutsch mit Fortgeschrittenen. Frankfurt am Main 1983.

Lern- und Übungsspiel – visuelles Material. Deutsch als Zweitsprache. Hg. vom Senator für Schulwesen, Jugend und Sport. Berlin 1982.

Neuner, Gerhard/**Krüger,** Michael/**Grewer,** Ulrich: Übungstypologie zum kommunikativen Deutschunterricht, Berlin et. al. 1981.

Spier, Anne: Mit Spielen lernen. Königstein/Ts. 1981.

Übungsformen und -verfahren im kommunikativ ausgerichteten Deutschunterricht. Bericht einer Lehrerfortbildungsveranstaltung in Noordwijkerhout 1980, durchgeführt von nieuwe lerarenopleidingen, Mavo projekt / Goethe-Institut.

Wright, Andrew: et al.: Games for Language Learning. Cambridge 1984.

3. Tafelzeichnen

Acevedo, Juan: Wie man Comix macht. München 1982.

Byrne, Donn/**Hermitte,** Rosa Maria: Die Tafelzeichnung im Fredmsprachenunterricht. München 1984.

Chrichton, S.: Blackboard Drawing. Nelson 1968.

Chilver. P./**Gould** G.: Learning and Language in the Classroom. Oxford 1982.

Fringle, B.: Chalk Illustrations. Oxford 1966.

Gutschow, Harald: Englisch an der Tafel. Anregungen zum Tafelzeichnen. Berlin 1980.

Hermansson, A./**Aström,** B.: Draw it, magistern! Norstdts, Lund 1967.

Johnson, F.C./**Johnson,** L.A./**Dykstra,** G.: Stick Figure Drawing for Language Teachers. 1971.

Mugglestone, P.: Planning and using the Blackboard. London 1980.

Ramshaw, H.G.: Blackboard Work. London: OUP, 8/1969.

Reichenbach, H.: Elements of Symbolic Logics. London 1947.

Ruddies, Günther H./**Willi,** Eugen: Denkzeichnen. Denken sichtbar machen. München 1985.

Scherling, Theo: Karikaturen zeichnen. München 1990.

Shaw, Peter/**de Vet,** Theeres: Using Blackboard Drawing. London 1980.

Witzig, Hans: Punkt, Punkt, Komma, Strich. München 1963.

Wright, Andrew: Visual Materials for the Language Teacher. Harlow 1981[4].

ders.: Pictures for teachers to copy. Wandtafel und Folie (Visual English Study Package) Transparent 24. Limburg 1980.

ders.: "Simple Drawing for Language Teaching". Educational Development International Vol. 2 No. 3, Juli 1974.

ders.: "The Use of Pictures by Language Teachers". Educational Development International, Vol. 2 No. 3, September 1974.

4. Bilder und Grammatik

Fleming, Gerald: Grammaire Visuelle de Français, London 1970.

Funk, Herrmann: "Visuelle Hilfen im Grammatikunterricht", in: Schulpraxis 2-4 1984.

Kaminski, Diethelm: Hägar der Schreckliche im Kampf mit der deutschen Grammatik 50 Bildgeschichten, bearbeitet von Diethelm Kaminski. Ismaning bei München 1988.

Lamprecht, A./**Friedrichs,** H.: Present-day English, a short pictorial grammar. Berlin 1963.

Lave, Rud: Tysk Billedgrammatik. Copenhagen: Gyldendal Boghandel. 1980.

Rinke, Ernst Rudolf: "Die Darstellung von grammatischen Strukturen der deutschen Sprache mit visuellen Hilfsmitteln im Unterricht DaF", in: Münchner Werkheft des Goethe-Instituts, Lehrerfortbildung im Bereich DaF, hg. von Hans Jürgen Krumm 1986.

Schuckall, Hans Friedrich: "Grammatik an der Tafel", in: Fragezeichen 1/1987, 13-36.

5. Weitere visuelle Materialien für den Unterricht

Behme, Helma: Miteinander reden lernen. Sprechspiele im Unterricht. München 1985.

Byrne, D./**Hall,** D.: Wallpictures for Language Practice, London 1974.

Duden – Das Bildwörterbuch der deutschen Sprache. Mannheim/Wien/Zürich 1979.

Duden – Bildwörterbuch für Kinder. Von Monika Paschmann mit Illustrationen von Holger Teichmann, Mannheim/Wien/Zürich 1990.

Gerth, Klaus: Bildergeschichten, Hannover o.J.

Griesbach: 1000 deutsche Redensarten, München 1981.

Handbuch für Lehrer. Visuelle Materialien. Huesmann und Benz Verlag. Postfach 569, 7700 Singen/Htwl.

Jungendliche und Erwachsene '85. Generationen im Vergleich. Hg. vom Jugendwerk der Deutschen Shell.

Jugendscala: Frankfurter Societätsdruckerei GmbH, 6000 Frankfurt/M. Postfach 100801 Frankfurter Allee 71-81

Lanners, Edi: Illusionen. München und Luzern 1973.

Packe/Carter/Gorst/Manton: German at work. London 1972.

Schaffernicht, Christian: Zu Hause in der Fremde. Ein bundesrepublikanisches Ausländer-Lesebuch. Fischerhude 1981.

Schiele, B./**Nodari,** C.: Wer bin ich? Aargau, o.J.

Seibert/Stollwerk: Schritte. Pasos. Passi. Steps. Pas. München 1986.

Visuelles Material für ausländische Mitbürger. Hg. von der Zentralstelle für Bildungsberatung und Bildungswerbung der Stadt Köln.

6. Anleitungen zum Bildeinsatz im Unterricht

AG am Goethe-Institut Bordeaux: Arbeit mit Bildern und Bildgeschichten 1 – Bordeaux unveröff. Ms., o.J.

Apelt, Hans-Peter: "Bildgeschichten im Sprachunterricht", in: Zielsprache Deutsch 3/1978.

Bauer, Ernst W.: Zeichnung auf Tafel und Folie. Berlin 1976.

Edelhoff, Christoph: "Der Einsatz des Arbeitsprojektors zur Visualisierung des Unterrichts", in: Der Einsatz des Arbeitsprojektors im Fremdsprachenunterricht. München: Goethe-Institut 1974.

Göbel, Richard: "Möglichkeiten unaufwendiger Visualisierung im Sprachunterricht", in: Deutschlernen 3/1976, 9-16.

Hannig, Christel: Bildgeschichten gepuzzelt. Bilder zum Lachen, Erzählen und Nachdenken. Sekundarstufe I. Düsseldorf 1980.

Jones, J.R.H.: Using the Overheadprojector. London 1982.

Koll-Möllenhoff: "Zur Beurteilung von Abbildungen in Lehrbüchern", in: Heuer/Müller (Hg.) Lehrwerkkritik 2, 31-56.

Menzel, Wolfgang: Comics verändern und neu gestalten. Arbeitsheft für Schüler. Orientierungsstufe, Sekundarstufe I. Seelze o.J.

Schiffler; Ludger: "Wie sollen Bilder im Fremdsprachen-Anfangs-Unterricht gestaltet sein? Empirische Überprüfung der Semantisierungsfähigkeit verschiedener Bildkonzeptionen", in: Praxis des neusprachlichen Unterrichts 22/1975, 65-79.

Toth, Erwin: Herstellung und Einsatz von Bildmaterial im Fremdsprachenunterricht. Frankfurt/M.: Pädagogische

Arbeitsstelle des Deutschen VHS-Verbands, 1979.

Ulrich: Winfried: Das Bild als Sprech- und Schreibimpuls. Frankfurt 1976.

***Wright,** Andrew: Visual materials for the Language Teacher. Harlow 1981[4].

7. Einführende und weiterführende Literatur zu Bildern

***Arnheim,** Rudolf: Anschauliches Denken. Köln 1985[5].

ders.: Kunst und Sehen. Berlin, 1965.

Eichheim, Hubert/**Wilms,** Heinz: "Das Bild im Unterricht". In: Pariser Werkheft, Media 1980, Goethe-Institut 1980.

Heringer, Hans-Jürgen: "Verschnittene Anschauung? Bilder im Sprachunterricht", in: Linguistik und Didaktik 47/48, 1982, 121-138.

Köhring, Klaus H.: "Visuelle Kommunikation im Fremdsprachenunterricht", in: FU 9/1975, Heft 35, 31-49.

Kowalski, Klaus: Die Wirkung visueller Zeichen. Stuttgart 1975.

Lieskounig, Jürgen: "Durch Bilder zur Sprache?" Überlegungen zur Problematik visueller Mittel in Lehrwerken Deutsch als Fremdsprache, in: Zielsprache Deutsch. 2/1988.

Olschewski, Uli: "Zur typographischen Gestaltung von Unterrichtsmaterialien", in: Goethe-Institut, PV aktuell, Sondernummer 4/1988.

Scherling, Theo: "Sehen und Verstehen. Zur Visualisierung von Dialogen in Lehrwerken Deutsch als Fremdsprache", in: Zielsprache Deutsch 1/1984.

Schmidjell, Annegret: "Dramaturgie einer Lehrveranstaltung. Strukturierung des Lehr- und Lernprozesses: Didaktische und methodische Hilfen zur Seminarplanung. in: Goethe-Institut, pv-aktuell, Materialien. Unveröff. Ms.o.J.

Schuckall, Hans Friedrich: "Semantisierung durch Bilder", in: Spracharbeit. Hg. Goethe-Institut. 1/1987, 3-19.

Sturm, Dietrich: Zur Visualisierung von Lehrwerken für Deutsch als Fremdsprache – Historische und kulturkontrastive Aspekte. Diss. Kassel. Unveröff. Ms. 1990

Weidenmann, Bernd: Lernen mit Bildmedien: Psychologische und didaktische Grundlagen. Reihe: Mit den Augen lernen. Hg. v. Hermann Will. Nr.1. Weinheim und Basel 1991.

Willberg, Hans Peter: "Anmerkungen zur typografischen Gestaltung von Lehrbüchern für Deutsch als Fremdsprache", in: Jahrbuch DaF, 7, 1981, 186-198.

8. Bilder und Landeskunde/Fremdverstehen

Akkent, Meral/**Franger,** Gaby: Verstehen ist eine Reise ins Land eines Anderen. Ton-Dia-Schau und Begleitheft. Institut für Sozialarbeit und Sozialpädagogik, Am Stockborn 5-7, 6000 Frankfurt 50, 1984

Argyle, M.: Körpersprache und Kommunikation. Paderborn 1985.

Hieber, Wolfgang: "Vom Eigenkulturellen zum Fremdkulturellen, Vorschläge für eine Progression der Fremdheiten aus der Erfahrung des Deutschunterrichts in der Volksrepublik China", in: Jahrbuch DaF 9, 1983, 181-193.

Lewis, A.M.: Understanding Foreign People. A Modular Learning Unit for US Military Attaches and their Families. Washington: Defence Intelligence School of the US. Dept. of Defense 1977

Martin-Torres, Gracia/**Wolff,** Jürgen: "Interkulturelle Kommunikationsprobleme beim Sprachenlernen", in: Neusprachliche Mitteilungen 4/1983, 209-216.

Müller, Bernd-Dietrich: Begriffe und Bilder – Bedeutungscollagen zur Landeskunde. in: Zielsprache Deutsch. 2/1983, 5-15.

ders.: "Probleme des Fremdverstehens", "Interkulturelle Kommunikation in der Konzeption von DaF-Unterricht", in: Interkulturelle Kommunikation und Fremdverstehen, München: Goethe-Institut 1983, 262-348.

Ostermann, A./**Nicklas,** H.: Vorurteile und Feindbilder. München, Berlin und Wien, 1976.

9. Weiterführende Literatur: Einzelaspekte der Bildverwendung

Ammer, Reinhard: Das Deutschlandbild in den Lehrwerken für Deutsch als Fremdsprache. München 1988.

Ballstaedt, S.P./**Molitor,** S./**Mandl,** H.: Wissen aus Text und Bild. Forschungsbericht DIFF Nr. 40. Tübingen 1987.

ders.: "Der flüchtige Blick beim stehenden Bild", in: Unterrichtswissenschaft 16, 1988b, 43-57.

Burgdorf et al.: Méthode Audiovisuelle d'Allemand. Paris 1962.

Deutsch für ausländische Arbeiter. Gutachten zu ausgesuchten Lehrwerken (Mainzer Gutachten) Königstein/Ts. 1986[3].

Downs, Roger M./**Stea,** David: Kognitive Karten. Die Welt in unseren Köpfen. New York 1982.

Ediciones TANDEM: Info-Mat-Paket. Sprachlernen im Austausch. Madrid. Ausgabe 6/86.

Fendt, Kurt: "Irritation und Story Art. Spielerische Momente einer Bild-Text-Beziehung, aufgezeigt an zwei Unterrichtsbeispielen für Deutsch als Fremdsprache", in: Jahrbuch DaF 8, 222-230.

Fritz, Gerd/**Muckenhaupt**, Manfred: Kommunikation und Grammatik. Tübingen: Gunter Narr, 1984[2]

*****Gadatsch,** Michael: "Offene Fragen zum Medium Lehrbuch", in: Bildungsarbeit mit ausländischen Jugendlichen Heft 5 1985, 16-31.

Göbel, Richard: Verschiedenheit und gemeinsames Lernen. Kooperative Binnendifferenzierung im Fremdsprachenunterricht. Königstein/Ts. 1981.

Hartwig, Helmut: "Sehenlernen, Bildgebrauch und Zeichnen – Historische Rekonstruktion und didaktische Perspektiven", in: Sehen lernen, hg. von Helmut Hartwig, Du Mont aktuell, 1978.

Hoffmann, Joachim: Das aktive Gedächtnis. Berlin, Heidelberg, New York 1983.

ders.: Die Welt der Begriffe. Berlin (DDR): o.J.

Lieskounig, Jürgen: "Durch Bilder zur Sprache? Überlegungen zur Problematik visueller Mittel in Lehrwerken Deutsch als Fremdsprache", in: Zielsprache Deutsch 2/1988, 2-9.

Luria, A.R.: The Mind of a Mnemonist. New York. 1968.

Mannheimer Gutachten zu ausgewählten Lehrwerken Deutsch als Fremdsprache, erstellt im Auftrag des Auswärtigen Amtes der Bundesrepublik Deutschland von der Kommission für Lehrwerke DaF: Ulrich Engel, Wolfgang Halm, Hans Jürgen Krumm u.a., Heidelberg 1977.

Mainzer Gutachten Deutsch für ausländische Arbeiter. Gutachten zu ausgesuchten Lehrwerken. Königstein/Ts.: 1986[3].

Muckenhaupt, Manfred: Text und Bild. Grundfragen der Beschreibung von Text-Bild-Kommunikation aus sprachwissenschaftlicher Sicht. Tübingen 1987.

Ramm, Gabriele: Unterschiede der Bildperzeption in Kulturen der dritten Welt. Magisterarbeit. Osnabrück 1983.

Rösler, Dietmar.: Lernerbezug und Lehrmaterialien DaF, Heidelberg 1984.

Schuster, Martin/**Woschek**, Bernard P. (Hg) Nonverbale Kommunikation durch Bilder. Stuttgart 1989.

Silbermann, Alphons/**Syroff**, Hans Dieter (Hg.): Comics und visuelle Kultur. München 1986.

Weidenmann, Bernd: Psychische Prozesse beim Bildverstehen. Bern u.a. 1988.

Weinrich, Harald: Linguistik der Lüge. Heidelberg 1966.

Quellenverzeichnis der Texte und Abbildungen

Soweit die Zeichnungen und Fotos nicht näher bezeichnet sind, stammen sie von den Autoren Theo Scherling und Frieder Schuckall. In den Fällen, in denen die Zeichnungen und Fotos bereits in einem Lehrbuch zu finden sind, ist dieses angegeben. Einige der Abbildungen sind auch in verschiedenen Seminaren unter Mithilfe der KT entstanden. In einigen wenigen Fällen ist es uns trotz intensiver Bemühungen nicht gelungen, die Rechtsinhaber von Zeichnungen oder Fotos zu ermitteln. Für Hinweise, die uns helfen, die Copyright-Inhaber zu finden, wären wir sehr dankbar.

S. 15   Foto und Text: Der Spiegel 2/89: 60, (Foto): Wolfgang Köhler, Hamburg
S. 16   Text und Zeichnung: Joachim Hoffmann: Das aktive Gedächtnis. Springer, Berlin, Heidelberg, New York 1983. 173ff.
S. 17   Zeichnung: Reinhold Burkart in: Bock/Müller: Grundwortschatz Deutsch Übungsbuch. Langenscheidt, München 1991
S. 18   Foto in: Braun/Nieder/Schmoe: Deutsch als Fremdsprache 1A, Neubearbeitung, © Klett Edition Deutsch GmbH, Stuttgart, 1978: 132
S. 20   s.S.18
S. 21   Zeichnung oben: Puente u.a.: Das Deutschbuch. Klett, Stuttgart 1980: 94
         Zeichnung Mitte: Methode audivisuelle d'Allemand. Didier, Paris 1962: 47
S. 22   Zeichnung links in: Vorwärts international. Gilde-Buchhandlung Carl Kayser, Bonn 1974: 77
         Zeichnung rechts: Diamantopoulos/Habermaier: Neugriechisch, Hueber Verlag, Ismaning b. München 1983: 72
S. 22/23 Text aus: H. Hartwig: Sehenlernen, Bildgebrauch und Zeichnen. Dumont-Schauberg, Köln 1976: 64/65.
S. 24   Zeichnung oben in: Neuner/Mellinghaus/Schmidt: Deutsch in Deutschland Neu 2. Erdmann. Tübingen, Basel 1976: 14;
         Zeichnungen Mitte in: Augustin/Liebe-Harkort: Feridun Abado. München 1977: 67
S. 25   Zeichnung rechts in: Englisch, 1952: 12
S. 27   Collage unten: Foto: Bjarne Geiges; Kartenskizze: Polyglott-Verlag, München; Stadtp lanausschnitt: H. Fleischmann GmbH & Co., München
S. 28   Zeichnung: Andrew Wright: in: Visual Materials for the Language teacher. Harlow 1976: 101
S. 29   Schaubild: Globus-Kartendienst: Hamburg 1990; Zeichnung: Ulf Nicolausson: Das praktische Gesundheitsbuch. Büchergilde Gutenberg. Frankfurt a. M. J. 132
S. 31   Fotos oben: Klaus Rose in: Frauen-Bilder Lesebuch, Elefantenpress. Berlin 1981; Mitte: Volker Leitzbach, München; unten: Ulrike Kment, München
S. 32   Foto: dpa-frm/pro
S. 33   Foto und Text: s.S. 18
S. 34   Zeichnung oben in: DVV Blasengeschichten. 1978; Foto: BRK Landespressestelle
S. 35   Fotos oben: Hans van der Meer; unten: Hans Wagner, amw
S. 36   Foto: Hans Wagner, amw
S. 38   Zeichnung unten: s.S. 22
S. 43   Sempé: Um so schlimmer © 1978 by Diogenes Verlag AG, Zürich
S. 58   nach: Andrew Wright: s.S. 28
S. 64   Zeichnung unten in: DVV Blasengeschichten 1978: 67
S. 66   Zeichnung und Text in: Griesbach: Deutsch x 3. Langenscheidt-Verlag, München u.a. 1974: 18
S. 68   Foto: dpa/Felix
S. 69   Foto: Hans Rohrer; Zeichnung S. 69/70: Sempé: Rien n'est simple. Edition Denoel Paris 1962
S. 76   nach: Michael Gaddatsch in: Bildungsarbeit mit ausländischen Jugendlichen, Heft 5. 1985: 44
S. 77/78 Fotos: Silvia Weiß
S. 83   Text Mitte aus: Schulz/Griesbach: Deutsche Sprachlehre für Ausländer, Hueber Verlag, Ismaning 1977: 24
S. 84   Foto und Text: s.S. 18
S. 85   Foto 1 und 2: Silvia Weiß
S. 86   Karte: Deutscher Wetterdienst, Offenbach
S. 87   Zeichnung unten: Tetsche
S. 88   Zeichnung Chaval: Classic Cartoons. © 1977 by Diogenes, Zürich
S. 90   Text und Zeichnung oben: Jirsa/Wilms: Deutsch für Jugendliche anderer Muttersprache. Glossar, Cornelsen-Hirschgraben, Frankfurt 1979: 68
S. 94   Text und Foto aus: Eckes/Wilms: Deutsch für Jugendliche anderer Muttersprache. Cornelsen, Berlin 1979: 78
S. 95   Foto aus: Vespignani: Faschismus. Elefantenpress Berlin und Hamburg 1977
S. 96   Text oben: Liselotte Rauner „Ein schöner Tag", mit frdl. Genehmigung der Autorin
S. 101   Text und Foto: Schulz/Griesbach: s.S. 83
S. 105   Zeichnung und Text aus: Vorderwühlbecke: Stufen. Klett Edition Deutsch, München 1986: 85
S. 107   Zeichnung unten aus Feridun: s.S. 24
S. 109   Zeichnung Mitte: Christian Harold; Foto unten: visum/Gerhard Krewitt
S. 110   Foto: Ulrike Kment, München
S. 111   Zeichnung und Text oben: Mustafa el Hajij: 1969; Zeichnung unten: Ugur Durak: Hüseyin im Paradies. Lamuv, Göttingen
S. 112   Zitat: Wolfgang Hieber: „Vom Eigenkulturellen zum Fremdkulturellen", in: Jahrbuch DaF 9 1983: 187; Foto unten: Braun/Nieder/Schmoe s.S. 18
S. 112   Text und Foto oben aus: Aufderstrasse u.a.: Themen 1. Hueber Verlag, Ismaning 1983; Foto unten aus: Haberzettl: A bientôt 1. Klett, Stuttgart 1978: 78
S. 143   Foto: Angelika Sulzer

Visuelle Hilfen im Fremdsprachen-unterricht

Bücher, Dias, Filme und Folien

Wörter – Bilder – Situationen

von Walter Lohfert und Theo Scherling
Ein didaktisches Bilderbuch für Anfänger im Fach Deutsch als Fremdsprache.
48 Seiten, ISBN 3-468-49993-0

Mir fällt auf...

von Hubert Eichheim, Brigitte Helmling-Mazaud, Helga Wizemann
Eine Sammlung von 40 Farbdiapositiven als Sprech-anlässe.
40 Farbdiapositive, ISBN 3-468-84511-1
Begleitheft, 48 Seiten, ISBN 3-468-84512-X

Alles Gute!

Ein deutscher Fernsehsprachkurs

Neben Sprachlehrdialogen zeigt das Video in 26 Kurz-porträts deutsche Städte und Landschaften.
Begleitmaterialien erhältlich deutsch-deutsch und in vielen Sprachen.

- 6 Videocassetten in PAL / NTSC / SECAM
- Begleitbuch
- Audiocassette A
- Lese- und Arbeitsbuch
- Audiocassette B
- Materialpaket für Lehrer

Wechselspiel

von Michael Dreke und Wolfgang Lind
Bilder und Texte als Sprechanlässe für Partnerarbeit nach dem Prinzip der Informationslücke.
Fertige Kopiervorlagen für den Anfänger- und Fort-geschrittenenunterricht.
160 Seiten, ISBN 3-468-49994-9

Aus der Reihe „Fremdsprachenunterricht in Theorie und Praxis" (Allgemeiner Herausgeber: Prof. Dr. G. Neuner):

Sehen und Verstehen

von Inge C. Schwerdtfeger
Anhand von praktischen Unterrichtsvorschlägen wird gezeigt, wie durch Einbeziehung von Film und Video die Lust am Sprechen geweckt werden kann.
192 Seiten, ISBN 3-468-49438-6

Geschäftskontakte – Ein Videosprachkurs für Wirtschaftsdeutsch

Der Film zeigt in kurzen Szenen typische Verhandlungs-situationen zwischen deutschen und ausländischen Geschäftspartnern.

- Videocassette PAL (ISBN 3-468-90503-3), NTSC (ISBN 3-468-90504-1), SECAM (ISBN 3-468-90505-X)
- Begleitbuch, 128 Seiten, ISBN 3-468-90501-7
- Lehrerhandreichungen, 32 Seiten, ISBN 3-468-90502-5

Folien

Zusätzliche Übungsimpulse durch Bilder zu unseren Lehrwerken **„Deutsch aktiv Neu"** und **„Deutsch konkret"**.
Die Folien enthalten auch über das Lehrwerk hinausgehende Darstellungen.

Deutsch aktiv Neu

Folien 1A, ISBN 3-468-84552-9
Folien 1B, ISBN 3-468-84557-X
Folien 1C, ISBN 3-468-84562-6

Deutsch konkret

Folien 1, ISBN 3-468-84434-4
Folien 2, ISBN 3-468-84534-0
Folien 3, ISBN 3-468-84544-8

Langenscheidt L

...weil Sprachen verbinden

Nähere Informationen und weitere Titel finden Sie in unserem **Deutsch als Fremdsprache**-Katalog.

Postfach 40 11 20 · D-8000 München 40